少年少女 昭和SF美術館

表紙でみるジュヴナイルSFの世界

大橋博之●編著

特別協力●森 英俊・野村宏平

平凡社

まえがき

ジュヴナイルSFを収集し始めたのは実は比較的最近で、二〇〇〇年の春になってから。いわゆる大人買いってやつだ。

僕がまだ子供だった頃、学校の図書室にはあかね書房の〈少年少女世界SF文学全集〉や鶴書房の〈SFベストセラーズ〉などが並んでいた。それらをむさぼるようにして読んだが、それよりも先生がとても学校の図書室には置いてくれそうにはない、朝日ソノラマの〈サンヤングシリーズ〉が一番、好きだった。書店に行って少ないおこづかいで無理して買い続けたものだ。きっと〈少年少女世界SF文学全集〉などに漂う品の良さよりも、〈サンヤングシリーズ〉にある猥雑で、ちょっと不良じみたところに惹かれたのかもしれない。

その大好きだったシリーズの一冊を大人になって古本屋で見つけた。そして幼い胸が抱いていた〝全巻揃えたい〟という野望を思い出した。同時に自分のWebサイト「GARAMON」を作り、このサイトに〈サンヤングシリーズ〉を含む子供の頃に読んだジュヴナイルSFのリストを掲載しようと思った。自分自身の原点がジュヴナイルSFだったと改めて気付いたからだ。それが二〇〇〇年の春というわけ。そこから古本屋巡りが続いた。

さらに、タイミングが良かったのは、一九九九年九月に某オークションサイトが誕生していたことだ。古本屋を探しても見つからないものが出品されている。この時期にかなりの数のものを集めることが出来たのは幸運だった。おかげで〈サンヤングシリーズ〉もコンプリートできた。

こうして集め始めたジュヴナイルSFだが、その表紙を収集した本を作るというのは集め出した頃からの夢だった。なのでこの本は自分へのご褒美のようなものだ。

この機会にジュヴナイルSFシリーズを並べて見られて壮観だった。そして改めて上製本に函入という豪華な造本のものが多かったのだと気付いた（口絵が付いているものもある）。思えば当時の子供向けの本はどれも贅沢な体裁だったのだ。

なぜ、子供の頃、あれほど〈少年少女世界SF文学全集〉や〈SFベストセラーズ〉などに夢中になれたのか？

物語の面白さは確かにあっただろう。しかしその装幀や表紙にワクワクを感じたからだともいえる。武部本一郎や依光隆、金森達らの迫力あるイラストに魅了されたのだ。

今、ただ、読むだけで良いのなら、文庫化されているものもある。元々、大人向けの作品を子供向けに翻訳したものなどはそのまま大人向けの本を読めばいい。たとえそれが絶版になっていたとしても、インターネット古書店などを検索すれば、お手軽にかつ低価格で購入することができるはずだ。

しかし、それでもオリジナルにこだわってしまうのは、やはり当時の本の表紙や本文の挿絵が魅力的だからにほかならない。長く読まれ親しまれる小説は、再刊されるたびに表紙や挿絵が時代に合わせて変えられてしまう。だが、自分が初めて図書室や書店で手にしたヴァージョンの装幀こそ一番、愛着があるものなのだ。

本書に収録した表紙の数々を見ていただければ、きっと懐かしい記憶が蘇ってくることと思う。その記憶には読んだ物語の面白さだけでなく、子供の頃に持っていたワクワク感やドキドキ感といったものも含まれるのではないか。それと同時に蘇る学校や、友達や、昔の街に風景。実はジュヴナイルSFにはそうした記憶のすべてが宿っているのだ。もう二度と戻れない場所への郷愁に近いのかもしれない。

本書は〈少年少女科学小説選集〉（石泉社）に始まり、昭和三〇～六〇年代にかけて続々と刊行されたジュヴナイルSFシリーズを年代順に配列し、その表紙を紹介することで、戦後のジュヴナイルSFの歴史をヴィジュアルでたどれるように意図した。シリーズ全巻の表紙を掲載することは、紙幅の制約もあり果たせなかったが、与えられた条件下で自分が考えうるベストをセレクトしたつもりだ。なお、個人的な好みだけで選んでは特定の画家に偏り、幅が広がらなくなるため、出来るだけ多くの画家を収録することを主眼とした。収録されていないのは絵の良し悪しなどではなく様々な要素を含んでのこと。あの本、あの画家が収録されてないとお怒りの方もいらっしゃることとは思うが、事情を察してご勘弁いただきたい。

また、ジュヴナイルSFの前史として、森英俊、野村宏平氏に昭和二〇年代を取り上げた第1展示室を担当して頂いた。戦前の児童書の流れをくむ独特のヴィジュアルに時代を感じて頂けるものと思う。

今回、友人のコレクターや出版社にも協力して頂き、自分が持っていないものをかなり助けて頂いた。この場を借りて感謝したい。

大橋博之

contents 目次

赤い惑星の少年
27世紀の発明王
SF名作シリーズ 6
のろわれた宇宙船
暁はただ銀色
SFロマンヤング

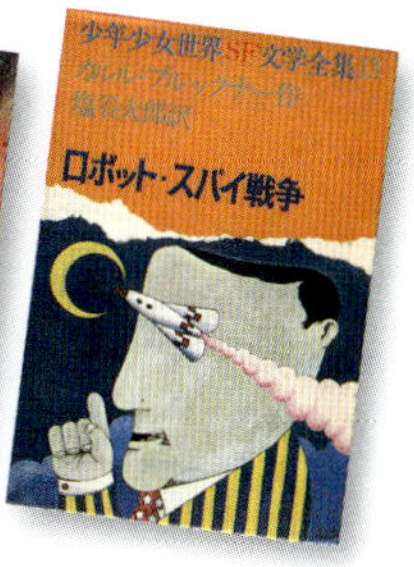
少年少女世界SF文学全集
ロボット・スパイ戦争

SFシリーズ
われはロボット

SFベストセラーズ
筒井康隆
時をかける少女

ねじれた町
眉村 卓

ベルヌ冒険名作選集
月世界旅行

挿絵画家列伝

【凡例】

本文中の書誌データは掲載本の刷数、刊行年を掲載し、全集の場合は巻数を併記した。全集・シリーズの詳細な収録内容、刊行年については巻末の「戦後児童向けSF全集リスト」を参照のこと。なお、特に明記がないかぎり［絵］はカバー絵を示す。
第1展示室の図版編集および解説は森英俊・野村宏平が、第2～4展示室は大橋博之が担当した。

科学冒険小説の時代

昭和20年代、敗戦という厳しい現実にさらされた少年たちに未来への夢と希望を与えてくれたのが、海野十三や小松崎茂らを中心とするジュヴナイルSFであった。表紙絵やカバー絵もカラフルで魅力的なものが多く、来るべき新しい時代へのエネルギーに満ちあふれている。

高志書房『緑の秘密国』木々高太郎。初版 昭和24年。［表紙絵］飯塚羚児。

海野十三

Juza Unno

徳島市生まれ。理化学トリックを駆使した探偵小説で《新青年》に登場、「十八時の音楽浴」（昭和一三）などの先駆的名作を残した日本SFの父。少年SFでも絶大な人気を博した。（うんの じゅうざ 一八九七―一九四九）

a

b

c

d

a 自由書房『怪塔王』初版 昭和23年。［表紙絵］村上松次郎。名探偵・帆村荘六が活躍する戦前作品。
b 開明社『宇宙怪人』初版 昭和23年。［表紙絵］村上松次郎。戦時中に連載された『宇宙戦隊』の改題改稿版。帆村荘六が宇宙人と対決する。
c ロッテ出版社『大宇宙探検隊』初版 昭和23年。画家記載なし。戦前に発表された『大宇宙遠征隊』の改題版。
d 東光出版社『三十年後の世界』初版 昭和23年。［表紙絵］飯塚羚児。冷凍冬眠についた少年が30年後の昭和52年に目覚め、宇宙探検する物語。

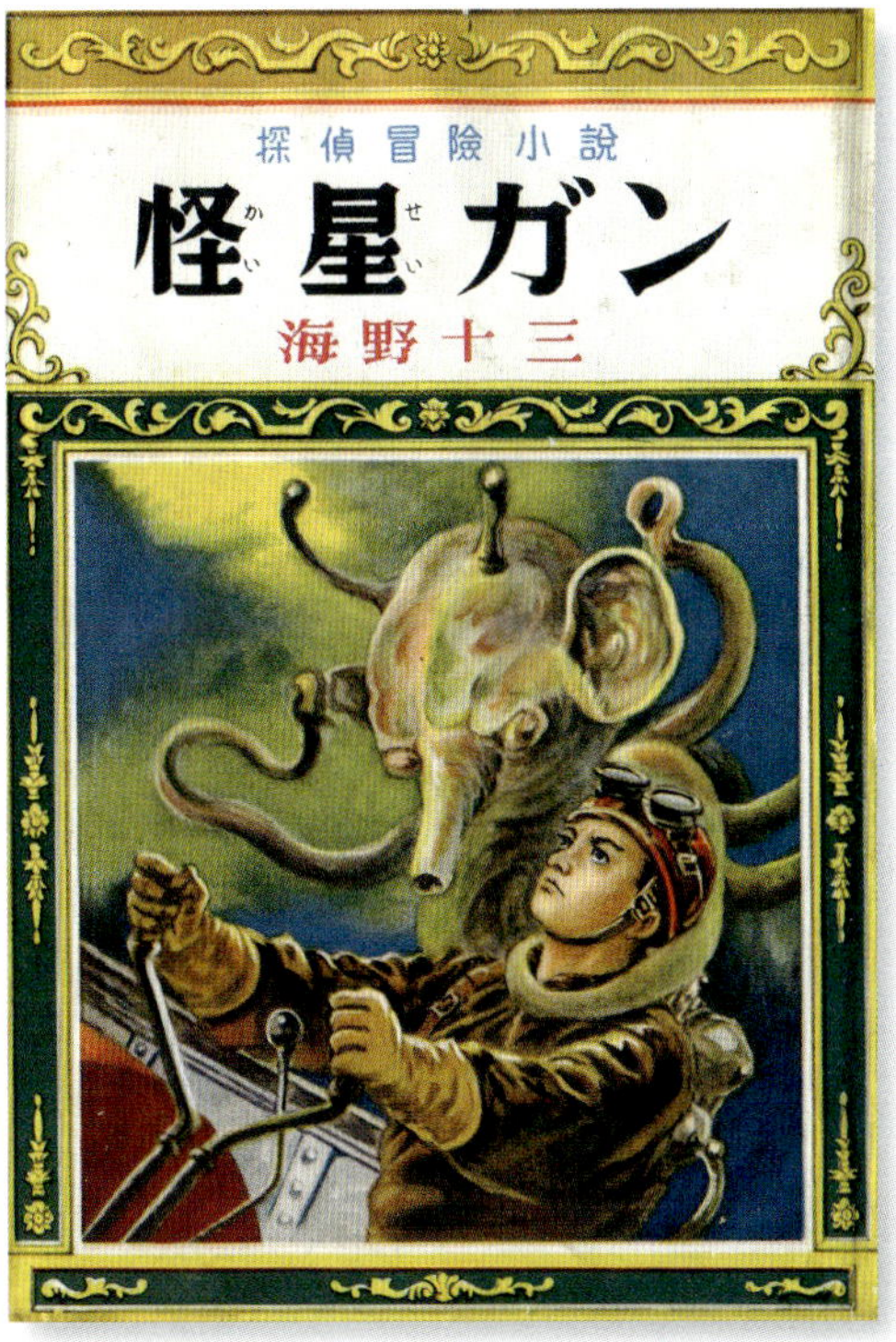

「日本SFの父」と呼ばれる海野十三は少年少女向けの作品にも意欲的に取り組み、宇宙や海底、未来世界などを舞台にした科学冒険小説を次々と発表。戦前・戦中・戦後を通して、子供たちに夢と希望を与えた。

科学知識に基づいた奇抜なアイデアと、血湧き肉躍るストーリーテリングがその魅力だが、どこか間の抜けた登場人物たちによるユーモラスなやりとりや、ほのぼのとした雰囲気も海野ならではの持ち味である。戦時中は国威発揚のための軍事小説も手がけたが、人間以外の知的生命体との対立を描いた作品では最終的には友好関係を結ぶケースが多く、平和主義者だったことがうかがえる。

日本における科学小説の振興に心血を注いだ海野は、昭和二四年、結核のため五一歳で逝去。ここに紹介した以外にも、『太平洋魔城』『浮かぶ飛行島』『火星兵団』『怪鳥艇』『金属人間』など、ジュヴナイルSFの名作を数多く遺した。

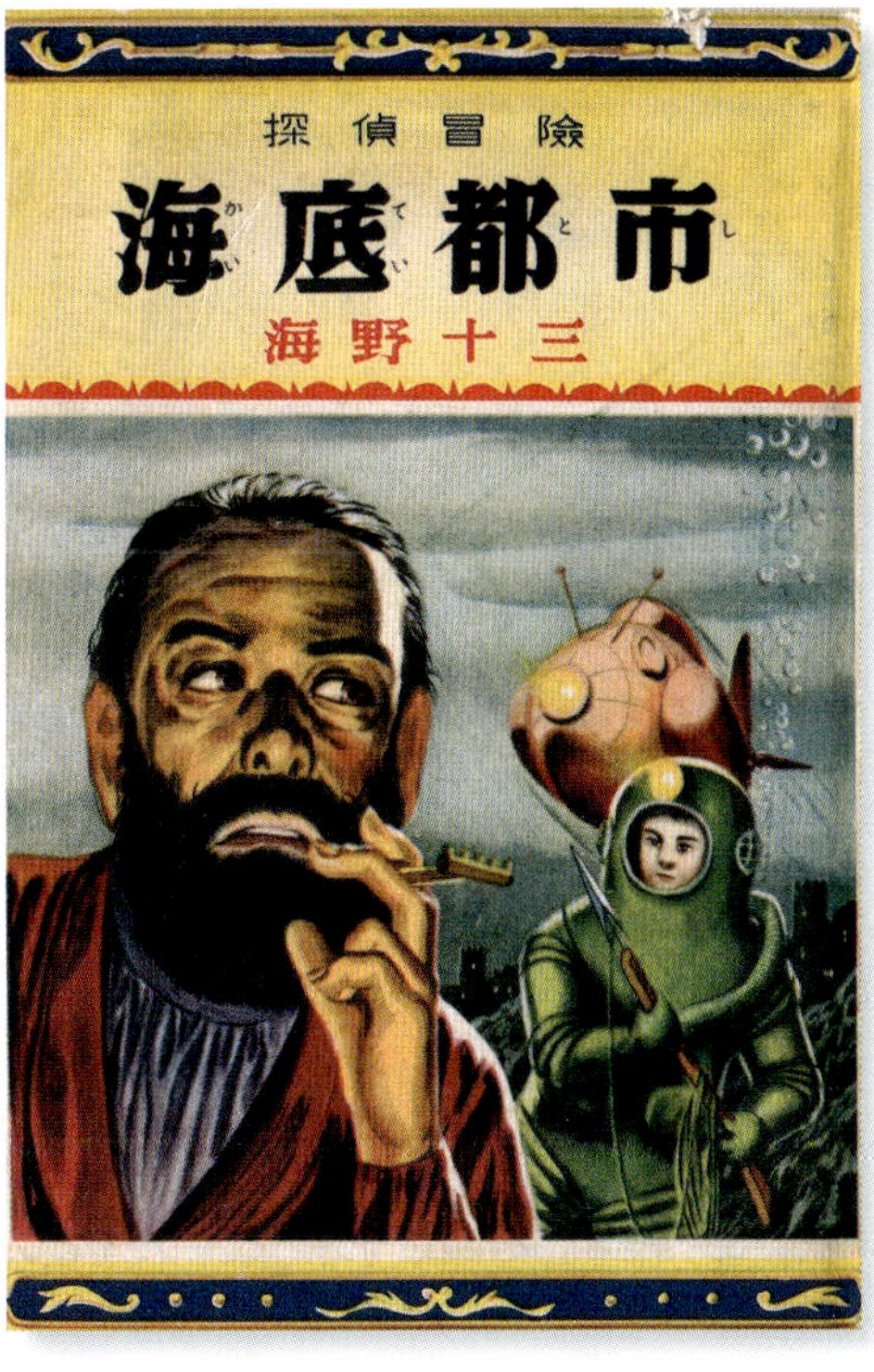

a ポプラ社『怪星ガン』重版 昭和28年。［絵］伊藤幾久造。昭和23年発表の作品。帆村荘六がまたしても宇宙へ出撃。

b ポプラ社『海底大陸』重版 昭和29年。［絵］牧秀人・北田卓史。海底に沈んだアトランティス大陸に棲息する海底超人と人類の戦争を描いた作品。昭和12年、《子供の科学》に連載された。

c ポプラ社『海底都市』初版 昭和31年。［絵］北田卓史。昭和22年の作品。20年後に時間旅行した少年が未来の海底都市におもむく。

南洋一郎・山中峯太郎

Yoichiro Minami（みなみ よういちろう 一八九三―一九八〇）

Minetaro Yamanaka（やまなか みねたろう 一八八五―一九六六）

a

b

c

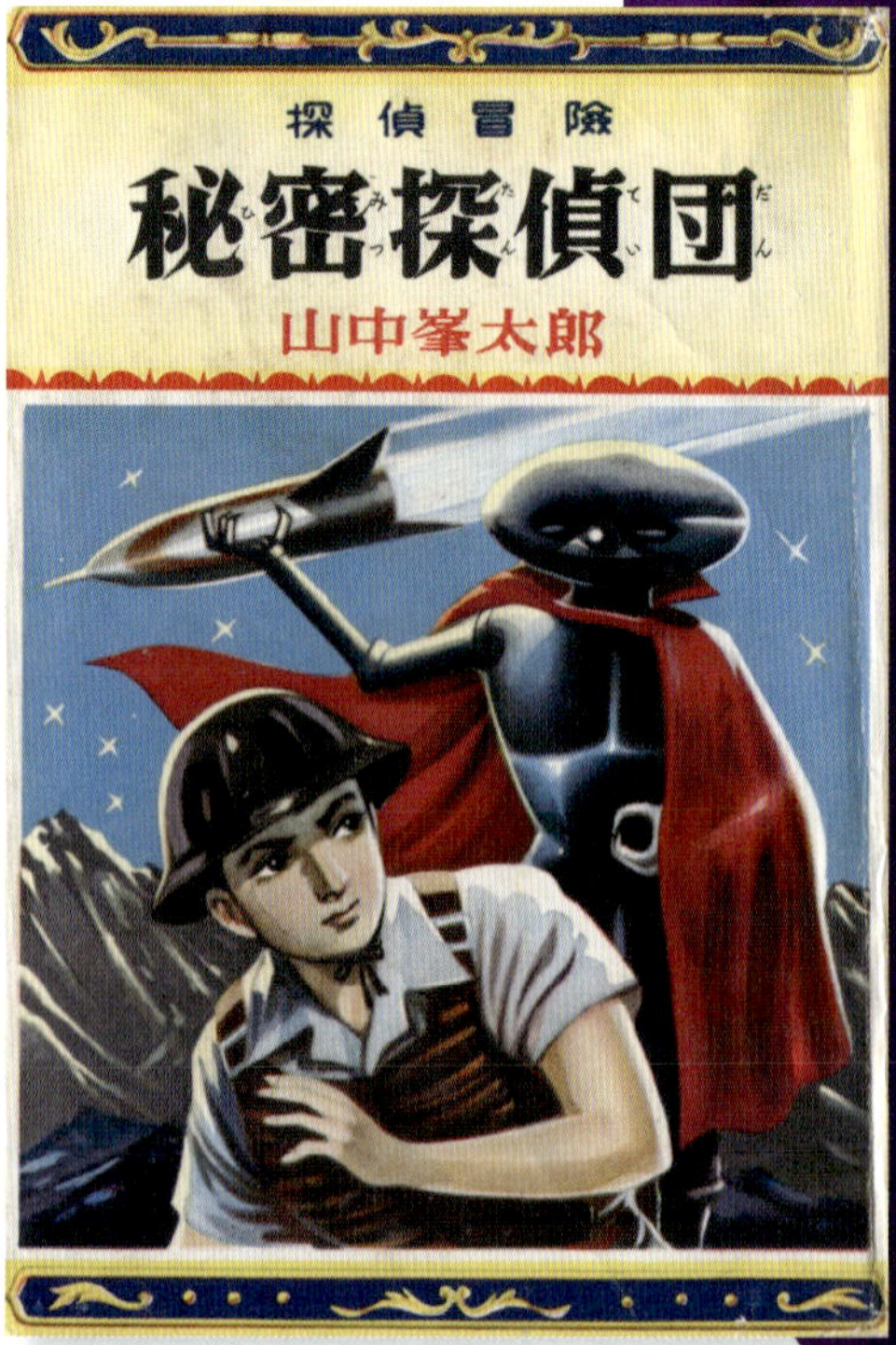

戦前、講談社の雑誌《少年倶楽部》で少年読者らを熱狂させたのが南洋一郎と山中峯太郎で、南は『密林の王者』や『吼える密林』、山中は『亜細亜の曙』や『大東の鉄人』などのジュニア長編を同誌に連載している。これらはいずれも単行本化され、戦前のジュニア冒険物を代表するベストセラーとなった。

南のトレードマークともいうべきなのが熱帯雨林を舞台にした冒険小説で、ロストワールド物の『魔境の大怪龍』では数千年前に絶滅したはずの恐龍たちが暴れまわる。

日本の007ともいうべき超人的軍事スパイ本郷義昭の生みの親として知られる山中には、小学生の正男少年とその愛犬タケルの活躍するSFミステリのシリーズもある。このコンビは『見えない飛行機』で初お目見えし、その続編『秘密探偵団』ではなんと、異星から来た電人や電犬たちの力を借りて国際的スパイ団に立ち向かう。作中には〈見えない飛行機〉も再登場するが、これは光線の具合で機体が透きとおって見えるという、日本が世界に誇るべき発明品だ。

a 光文社〈痛快文庫 南洋一郎選集〉第1巻『魔境の大怪龍』南洋一郎。初版 昭和24年。［表紙絵］梁川剛一。
b ポプラ社『謎の空中戦艦』南洋一郎。初版 昭和30年。［絵］北田卓史。
c ポプラ社『秘密探偵団』山中峯太郎。初版 昭和29年。［絵］高木清。戦前作『世界無敵弾』を改稿。

香山 滋

Shigeru Kayama

東京生まれ。「オラン・ペンデクの復讐」（昭和二一）で《宝石》誌の懸賞小説に入選。世界の秘境や奇怪な生物の登場する幻想的作品で人気を博す。映画『ゴジラ』の原作者としても有名。（かやま しげる 一九〇四―七五）

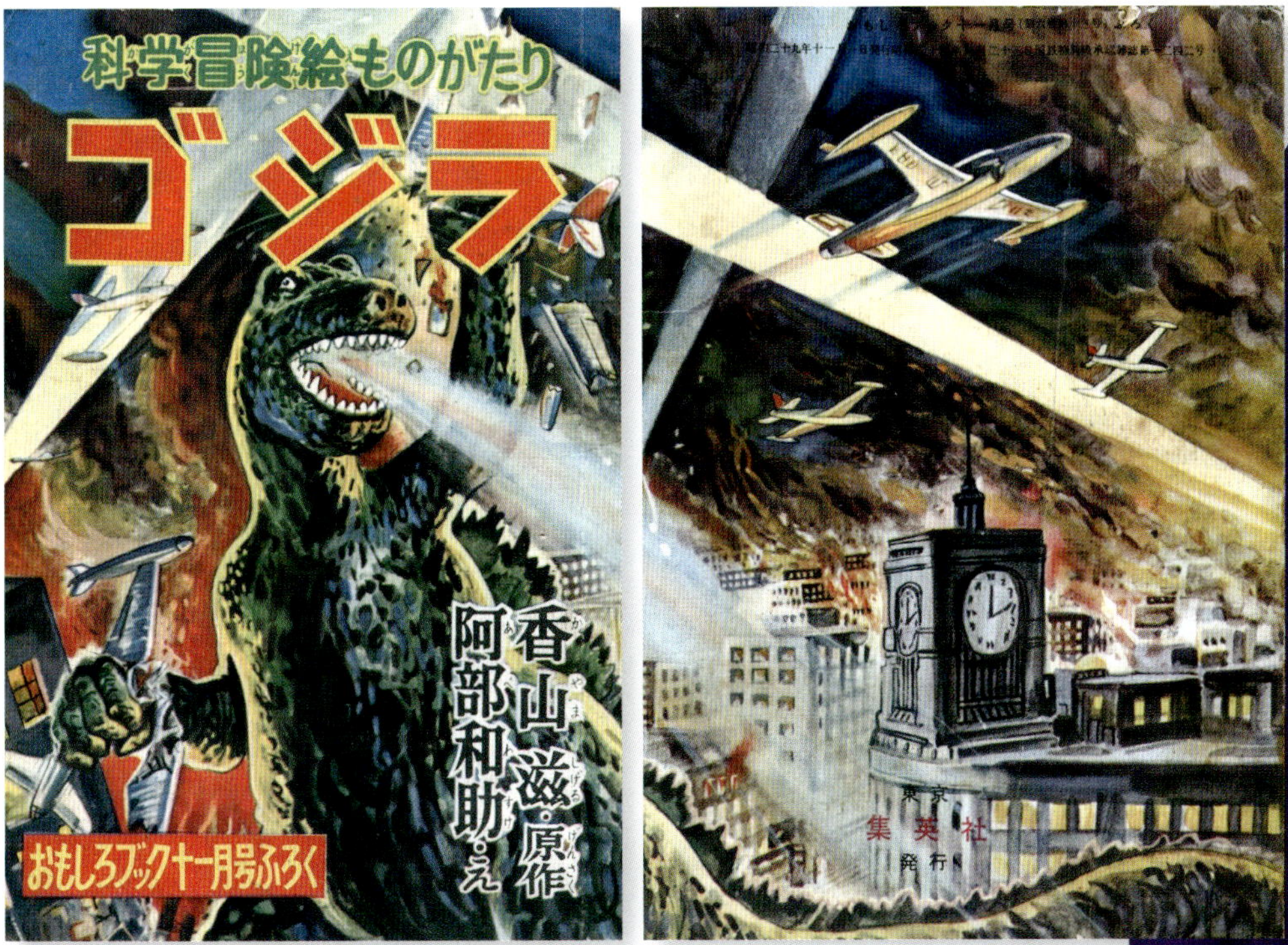

a

c

b

a 『科学冒険絵ものがたり ゴジラ』 集英社《おもしろブック》昭和29年11月号付録。［表紙絵］阿部和助。香山滋が原作を手掛けた映画『ゴジラ』の絵物語。11月3日の映画公開を目前にひかえた時期に発売されている。
b 愛文社『怪龍島』初版 昭和28年。画家記載なし。
c 大蔵出版『科学と冒険』再版 昭和30年。［絵］山田貞実。「魔空要塞」と「新星ノヴァ」を収録。

特撮映像作品とSF黎明期の作家たち

野村宏平

昭和二〇～三〇年代、科学小説とともにSF少年を熱狂させたのが、映画やテレビの空想特撮作品である。当時は原作者にプロの作家が起用されることが多かったが、SFというジャンルがまだ確立されていない時期だったため、しばしばミステリ作家に白羽の矢が立てられた。

日本初の本格的な特撮SF怪獣映画『ゴジラ』は昭和二九年、東宝のプロデューサー田中友幸が、海底で眠っていた恐竜が核実験の影響で蘇り、異常発達して日本にやってきたらどうなるか、という発想から企画した作品である。その製作にあたって、田中がストーリー作りを依頼したのが、「オラン・ペンデクの復讐」や「海鰻荘奇談」など、怪生物が登場する作品を数多く発表していた香山滋だった。

この依頼に応えて香山が書き上げたのが、「G作品検討用台本」（Gはジャイアントの頭文字）と題するもので、これが実質的な『ゴジラ』の原作にあたる。古生物学者の山根博士がマッドサイエンティスト風に描かれている点を除けば、おおまかなストーリーは映画とほぼ同じである。

この台本はあくまでもスタッフ向けに書かれた企画検討用の文書だったため、当時は公表されなかったが、一般向けには、十月に岩谷書店から『怪獣ゴジラ』が刊行されている。これは、同年夏に放送された連続ラジオドラマの台本をアレンジしたシナリオ形式のもので、大戸島の少年・新吉が途中で死んでしまうなど、原作や映画とは異なる展開も見られる。

十一月に公開された映画は大ヒットを記録し、すぐに続編の製作が決定。ふたたび香山が筆を執り、『ゴジラの逆襲』として翌年四月に封切られるが、その後、この二作を香山みずからが児童向けにノヴェライズした『ゴジラ東京・大阪編』が島村出版から発行された。ジュヴナイルということもあって、新吉少年が主人公になり、謎の組織「東京ゴジラ団」が暗躍するといった新たなアイデアも盛り込まれている。

香山はこれを最後に、ゴジラの続編は書かないことを決意したが、東宝との縁はしばらく続き、同じ年には『獣人雪男』の原作を執筆。これも香山自身がノヴェライズしたが、読者対象は大人だった。また昭和三二年の『地球防衛軍』では、潤色という形で企画に参加している。

香山に続いて東宝の怪獣映画に携わったのが、怪奇実話やミステリの翻訳でも活躍していた黒沼健だった。東宝から依頼を受けた黒沼は、昭和三一年の『空の大怪獣ラドン』の原作と、三三年の『大怪獣バラン』の原案を担当。前者は「ラドンの誕生」というタイトルで、《中学生の友》の付録として発行された。映画のラドンは阿蘇山の噴火に飲み込まれるが、小説のラドンは、凍結爆弾という新兵器で滅ぼされる。

黒沼の業績としては、『海底人8823《ハヤブサ》』も忘れるわけにはいかない。昭和三五年に大映テレビ室が製作した連続テレビドラマだが、黒沼は原作ばかりでなく脚本も執筆。さらに主題歌の作詞まで手がけている。

「左門谷」や『鉛の小函』などの小説で知られる丘美丈二郎も東宝との関わりが深く、昭和三二年の『地球防衛軍』、三四年の『宇宙大戦争』、三九年の『宇宙大怪獣ドゴラ』で原作を、三七年の『妖星ゴラス』で原案を担当している。ただ、いずれも活字化されていないのが残念だ。

純文学畑では、中村真一郎、福永武彦、堀田善衛の三人が昭和三六年、『モスラ』の原作である「発光妖精とモスラ」を連作形式で発表している。初出誌が《別冊週刊朝日》ということもあって大人向けだったが、その後、映画公開に合わせて、吉田誠という人物がジュニア向けにノヴェライズした「大怪獣モスラ」が《中学時代一年生》の付録になっている。

純粋なSF作家が特撮映画に関わるようになったのは、昭和三八年の『マタンゴ』からである。この映画はW・H・ホジスンの「夜の声」をベースにしているが、それを大幅にアレンジしたのが福島正実（星新一の名もクレジットされているが、名前を貸しただけのようだ）。映画公開時には、《笑の泉》に小説版が発表された。ちなみに同じ年には、押川春浪による明治の冒険科学小説『海底軍艦』も東宝で映画化されている。

小松崎 茂
Shigeru Komatsuzaki

東京生まれ。戦争物・科学物を得意とした挿絵画家から、戦後は少年誌の表紙・挿絵で活躍。絵物語『地球ＳＯＳ』も大ヒット。プラモデル函絵の巨匠でもある。（こまつざき しげる　一九一五―二〇〇一）

a

c

b

a　秋田書店《少年少女 冒険王》昭和28年新年号付録『怪人白どくろ団』。［作・画］小松崎茂。
b　集英社〈おもしろブック〉第12集『火星王国』昭和23年。［作・画］小松崎茂。
c　同盟出版社《少年時代》昭和24年2・3月合併号付録『Q星怪光線』千田力。［表紙絵］小松崎茂。

戦前から挿絵画家として活躍していた小松崎茂は終戦後みずからの絵で子供たちを励まそうと少年誌に進出、表紙絵や空想科学イラストのほか、SF絵物語にも手をそめた。昭和30年代には〈少年少女世界科学冒険全集〉（25頁）のカバー・デザインも手がけている。

集英社《おもしろブック》昭和25年9月号付録『液体人間』南沢十七。［表紙絵］阿部和助。

昭和20年代前半、敗戦にうちひしがれる子供たちに明るい未来への希望を与えてくれたのが、粗悪な洋紙を用いた仙花紙本のジュヴナイルSFである。戦前からジュヴナイルSFを手がけていた南沢十七や寺島柾史らが創作を再開し、なかでも南沢十七は10冊近い長編を刊行し、人気を博した。
ロストワールド物の『マンモス島の怪人』、科学万能のユートピアの盛衰を描いた『魔境の怪都』、目に見えない空魔の珍発明品（表紙絵にはそれが描かれている）が衝撃的な『姿なき空魔』など、描かれたテーマはさまざまだが、どれも当時の子供たちの想像力を大いにかき立てた。

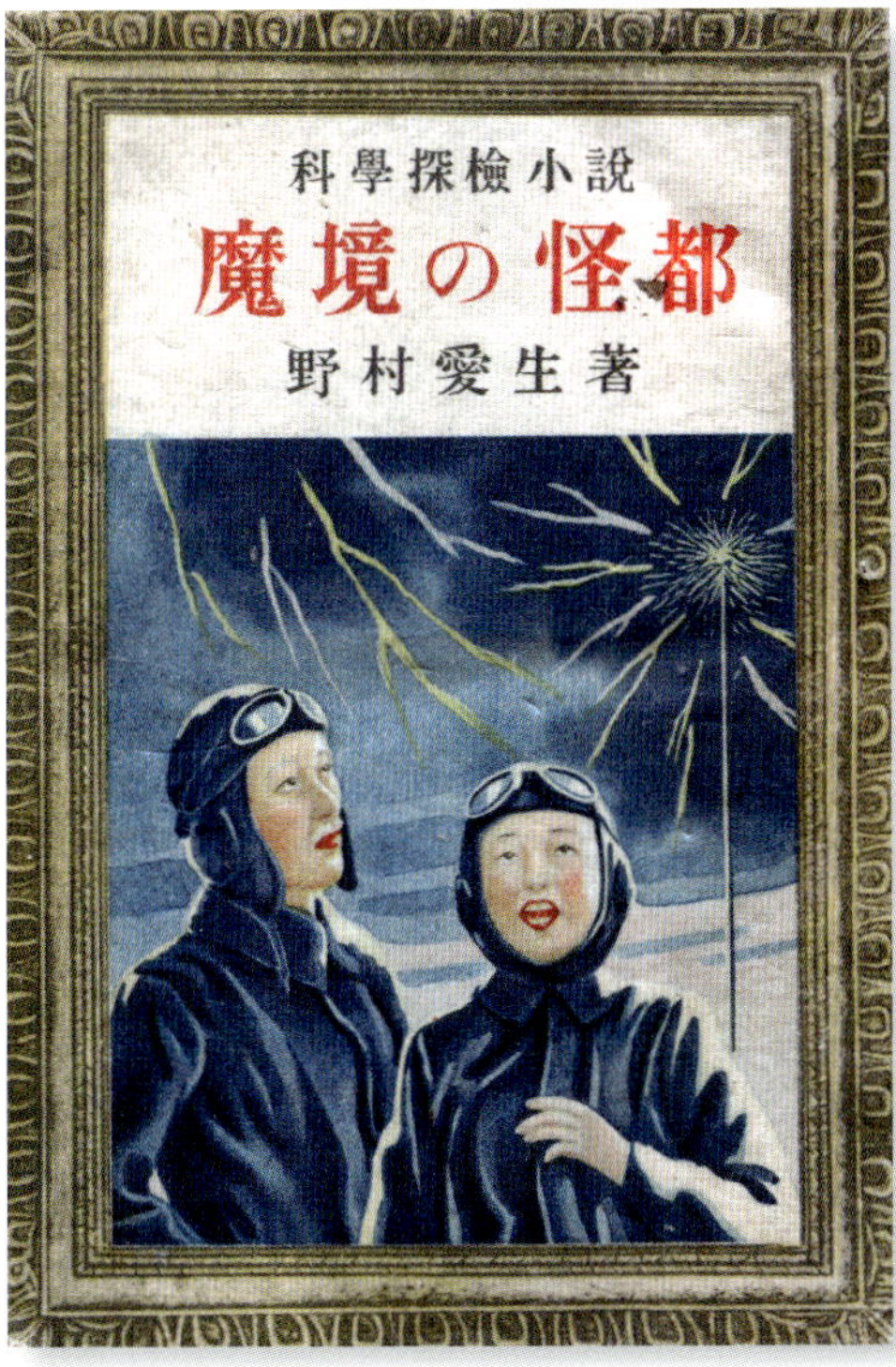

b

a

d

c

a　青葉書房『海底の魔城』寺島柾史。初版 昭和23年。［表紙絵］鈴木御水。「人造人間R・R君」を併録。
b　むさし書房『魔境の怪都』野村愛生。初版 昭和23年。［表紙絵］唄野蛾生。
c　洋々堂『姿なき空魔』中正夫。初版 昭和23年。［表紙絵］鷲尾吾一。
d　実業之日本社『マンモス島の怪人』秋永芳郎。初版 昭和24年。［表紙絵］栗林正幸。

怪奇雨男に魂を奪われたあのころ

瀬名秀明

カー「怪奇雨男」扉絵
(『恐怖の地下牢』講談社 昭和45年)［絵］松田健司

Guest Essay

静岡市を貫く国道一号線の東端に位置する瀬名という町で育った私は、子どものころ週末にバスで三〇分揺られて図書館に行くのがちょっとした冒険だった。静岡高校を卒業した作家・三木卓が『はるかな町』や『裸足と貝殻』で描いた駿府城跡とその近隣は、後に私自身が静岡高校に通うことで身近になる。体育の時間になるときまってお堀の周りや浅間神社をひたすらランニングしていたからだ。洋風の白い壁が印象的な市立図書館は、大正時代から残る市内最古の鉄筋コンクリート造で、あのころ中堀の南東の角にあった。

『大どろぼうホッツェンプロッツ』！『こちらマガーク探偵団』！ 久米元一や西條八十の少年怪奇探偵小説！ どれも図書館から借りて読んだ。児童室は一階の右手へ廊下を抜けた奥にあって、午後には朱い陽が射し込み熱気が籠もった。だからいまも思い出す光景は、汗を滲ませながらスチール棚を追って懸命に見つめた、古い単行本の背表紙の群だ。

当時でさえそれらは褪せて、擦り切れ、斜めに癖がついていた。ブックカードは見知らぬたくさんの仲間の息吹を閉じ込めており、誰かが貼りつけた背ラベルとは収集分類の愉しみを教えてくれた。一度に借りられる冊数は限られていたから、タイトルや表紙のイラストをよくよく吟味して、家まで持ち帰る必要があった。私だけではない、きっと誰もがそんな原風景を持っている。レイ・ブラッドベリの描くイリノイ州の田舎町が日本の私たちにさえ懐かしいのと同様、図書館の記憶は時空を超えて永遠に生きる。

黒い装幀の『世界の名作怪奇館』と出会ったのはその書棚だ。全八巻のこのシリーズのうち、保永貞夫訳の第五巻〈日本編 まぼろしの雪女〉についてはアンソロジー『贈る物語Wonder』で書いたことがある。片山健による江戸川乱歩「かがみ地獄」の挿画は強烈で、歪んだ鏡に映し出された目元や唇が見開きいっぱいに広がるさまは決して忘れられない。

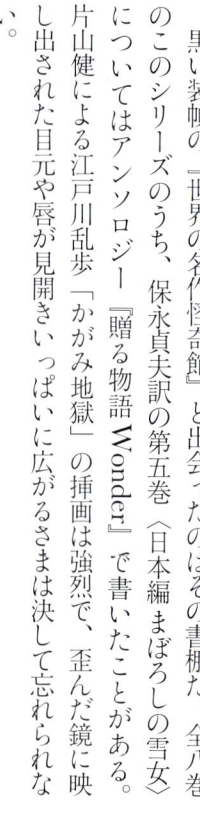

しかしもっとも恐怖を覚えたのは都筑道夫訳の第六巻〈ミステリー編恐怖の地下牢〉だった。ウールリッチ「その子を殺すな（非常階段）」、ルブラン「赤い絹の肩かけ」、サキ「死者を待つまど（開いた窓）」、L・J・ビーストン「待っていた脅迫者（パイプ）」と問答無用の傑作が続き、カーの「怪奇雨男（銀色のカーテン）」が登場する。

怪奇雨男！　何と恐ろしい名前だろう！　都筑自身が解説文の冒頭でそう慄《おのの》いてみせたが、まさにその名は治すことのできない熱病となった。扉ページに描かれた怪奇雨男は、ゴルゴンのような髪をうねらせ、濡れたその姿は薄暗く、獣じみた眼をこちらに向け、口元には薄笑いを浮かべている。挿画は松田健司。本編にまったく登場しない幻の怪人だからこそ、私はこいつの眼光から逃れられなくなった。街灯の光さえ銀色に滲む孤独な路地で、もしこんな奴がナイフを手に襲ってきたら？　以来、傘を差して大雨の中を歩くたびに、怪奇雨男を思い出して早足になった。足下でばしゃばしゃと水たまりが跳ね、靴に染みこんでくる冷たさが怖かった。滲んだ街灯は死の約束のようで、振り下ろされる銀のナイフを無意識のうちに探していた。

そして山藤章二挿画のポー「恐怖の地下牢」が最後に待ち受ける。扉絵には逃げ場のない真っ暗な密室を必死でさまよう男の、絶望的な永遠が描かれていた。仰向けに縛りつけられた男の頭上に、巨大な三日月の刃が揺れる。ページが進むと男の姿勢はそのままに、自由な左腕だけが位置を変え、胸には鼠たちが集まり、そして刃はほとんど男を切り裂くばかりに迫っている。私は父の仕事の都合で一二歳のときアメリカのフィラデルフィアで一年を過ごした。ポーが六年間暮らした住居を改装した博物館は、私にとって聖地だった。何度も足を運び、「アナベル・リー」の朗読を聴き、古紙風の紙に印刷された「大鴉」を売店で求めて宝物にした。書店で分厚いポーの傑作集を親に買ってもらった。もちろん中身は英語で、ろくに読めもしなかったが、挟み込まれていたハリー・クラークやビアズリーやドレのイラストを見つめていた。

日本から持っていった創元推理文庫のエラリー・クイーンをすべて読んでしまった後は、ロバート・アーサーが生んだカリフォルニア少年探偵団のシリーズを片端から書店で買い求めた。『ささやくミイラの謎』『話すどくろの謎』『もえる足あとの謎』――どれもこれも魔法の呪文で、いまなお私の心はあのころタイトルから憶えた英単語でできている。ハリー・ケイン Harry Kane の明朗さに溢れた挿画も、初期のデザイン性に優れたスティーヴン・マーケイシ Stephen Marchesi や後期の禍々《まがまが》しいロバート・アドラグナ Robert Adragna のカバー画も大好きだった。当時はシリーズのうち何冊かが品切れで、早くも私は蒐集道の壁に突き当たった。とくに『首のない馬の謎』はそのタイトルから胸を焦がす一冊だった。図書館向けのハードカバーをついに取り寄せたときは、嬉しさと共に他のペーパーバックと体裁が揃わない悔しさで苦悶した。黒雲と空を焦がす黄金の雷光、大きく表紙に描かれる首なしの黒馬に跨がり腕を高く掲げて威嚇する中世の騎士、手前で戦慄に震える三人の少年探偵。世界のすべてがそこにあった。

『昭和SF美術館』なのにミステリーの話ばかりしている？　いや、あのころふしぎな世界に飛び込むとき、ジャンルの名前は不要だった。小学六年のときSFベストセラーズの眉村卓『ねじれた町』を読んで、司修の燃えるピエロのカバー画と、柳柊二の闇から飛びかかる鬼の生首の挿画にやはり感電し、いま私はSFを書いている。大橋博之氏による本書は「日本SF作家クラブ五〇周年記念プロジェクト」の関連図書として出版される。電気を操る魔術師から「永遠に生きよ」と呪文をかけられブラッドベリは作家となった。私たちも同じだ。

SFは作って遊ぶものだった

地中戦車ビッグモグラス
宇宙海艇コスモファルコン
ニューフラッシュガン。光線銃もSF玩具の人気商品。

プラモデルはオモチャのナンバー1だ。高いオモチャはクリスマスかお正月にしか買ってはもらえないけれど、安いプラモデルならお小遣いを少し貯めればなんとか買えた。お店に並ぶプラモデルの数々、どれを買うかで悩む。この瞬間が至福の時。判断材料はパッケージ。どれも魅力的なイラストが描かれていて目移りするばかりだ。

プラモデルの中にはメーカーオリジナルのSFテイストのキットも溢れていた。SFは本を読んで夢膨らませるものだけでなく、実際に自分の手で作って遊ぶことができるものだった（もっとも、パッケージのイラストと出来上がりとにイメージの違いがありすぎて、ショックが大きかったものもあったが）。子供にはスケールモデルよりも動くものの方がかっこよく見える。なかでも先頭にドリルが付いたタンクは最強に思えた。もちろん、どんなにドリルが動いても、砂場ですら地中に潜ることはできないのだけれど。

ドリルタンクは、テレビ番組『サンダーバード』に登場する「ジェットモグラ」がある意味オリジナルで、プラモデルのドリルタンクはそれからインスパイアされて生まれたものと想像できる。『ビッグモグラス』などはそのひとつだ。シリーズには『キングモグラス』『ジュニアモグラス』がある。

プラモデルのパッケージ、つまりボックスアートを手掛けた挿絵画家は多い。しかし、それが誰なのかを見出すのは困難だ。クレジットなどないのが当然だし、絵にサインがないことの方が多い。しかし、誰かはわからないけど、幼かった僕たちを楽しませてくれた画家がいたことは事実だ。

（大橋博之）

第2展示室　Exhibition room　2

ジュヴナイルSFの誕生から発展へ

昭和30年に始まるジュヴナイルSFシリーズの刊行は、そのまま日本におけるSFの幕開けと重なる。そこから日本SFは大人向けとジュヴナイルを両輪として力強い前進を始めた。だが、SFという新しい文学にいち早く興味を示したのはむしろ子供たちの方が早かった。向かう先は未来。そう誰もが予感していた。

講談社〈少年少女世界科学冒険全集〉第29巻『謎のロボット星』カポン／亀山龍樹訳。初版 昭和32年。
[絵] 小松崎茂。

少年少女科学小説選集（全21巻）石泉社　昭和30～31

『消えたロケット』セントジョン／中田耕治訳。初版 昭和31年。［絵］中根良夫。デル・リーのペンネーム。

「卓越した原作と、適切な執筆者をもってする此のシリーズは、次代をになう青少年諸君に、豊かな夢と、正しい科学知識とを与えてくれるに違いない。物語りの、文句なしの面白さの中に、ヒューマニズムの流れが貫いている点でも、これは世の父兄に、安心して推奨できるものと思う」（原田三夫「推奨のことば」より）

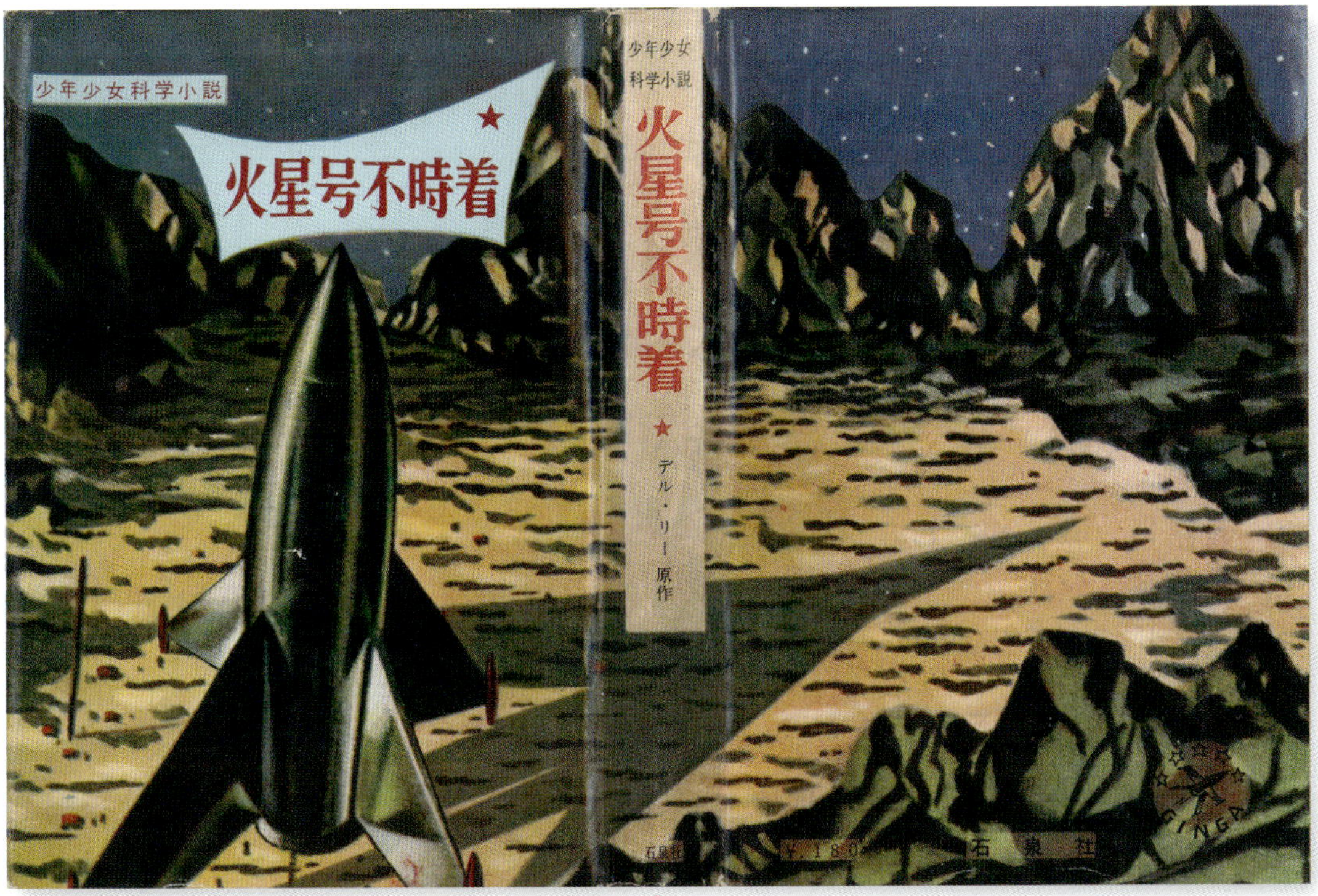

a

c

b

a 『火星号不時着』デル・リー／福島正実訳。初版 昭和31年。［絵］中根良夫。全巻、表紙と裏表紙は一枚続きのイラストになっている。
b 『星雲から来た少年』ジョーンズ／福島正実訳。初版 昭和30年。［絵］中根良夫。
c 『宇宙島へ行く』クラーク／中田耕治訳。初版 昭和30年。［絵］中根良夫。原作は『宇宙島へ行く少年』。

a

c

b

a 『土星の環の秘密』ウォルハイム／田中融二訳。初版 昭和31年。［絵］中根良夫。
b 『宇宙鉱山の秘密』ローンズ／田原正治訳。初版 昭和31年。［絵］中根良夫。
c 『月世界探険』マーステン／福島正実訳。初版 昭和31年。［絵］中根良夫。マーステンはエド・マクベインのペンネーム。

a

b

c

日本初のジュヴナイルSFシリーズ。第一期一〇巻でスタート、二一巻まで刊行された。まだ続いて刊行される予定だったようだが、売れ行き不振のため打ち切りとなった。

「こんどこの科学小説シリーズにはいる作品をよんで、これこそみなさんの冒険心を高め、そして科学的なあこがれをみちびいてくれるものだと思いました。いいえ、年のとったぼくでさえ、人類の進歩を思う心を強められました。このシリーズの作品はみな、すばらしい空想にみちています。それとともに、科学を進歩させようという意気ごみに燃えています。そしてまた、たいせつなことは、どの作品にも、人類愛の精神というか、宇宙愛の精神というか、そういう高い理想が盛りこまれていることです。すばらしいこのシリーズを、みなさんの心の友として、どうかすばらしい未来の世界をひらいてください」（那須辰造「この小説を読むみなさんへ」より）

a 『水星基地SOS』バン・リーン／由利和久訳。初版 昭和31年。［絵］中根良夫。デル・リーのペンネーム。
b 『流刑星タイタン』ナース／平田みつ子訳。初版 昭和31年。［絵］中根良夫。原作は『タイタンの反乱』。
c 『謎の遊星』ライト／三樹精吉訳。初版 昭和31年。［絵］中根良夫。

SF トム・スイフトの冒険（全3巻）石泉社 昭和32

c

a

b

〈少年少女科学小説選集〉の売れ行き不振を挽回するため企画されたシリーズ。天才発明家の少年トム・スイフトが豊富な科学知識をもって冒険を繰り広げる。『空飛ぶ実験室』『ジェット潜水艦』『ロケット銀星号』の三巻が刊行された。表紙は全巻同じイラストが流用され、タイトルだけが差し替えられている。しかし、これも売れ行きは芳しくなかった。

なお、トム・スイフトを主役としたシリーズは、昭和五七年にサンリオから〈トム・スイフトの宇宙冒険〉として、『宇宙植民都市』『木星の月』『宇宙人のロボット』『宇宙戦争』『星の要塞』『宇宙救助隊』の六巻が刊行されている。

a 『恐竜の世界』マーステン／福島正実訳。初版 昭和31年。［絵］中根良夫。原作は『恐竜1億年』。
b 『火星の月の神秘』ウォルハイム／北沢大助訳。初版 昭和31年。［絵］中根良夫。
c 〈トム・スイフトの冒険〉『空飛ぶ実験室』アップルトン／由利和久訳。初版 昭和32年。［絵］古屋勉。

少年少女世界科学冒険全集（全35巻）

講談社　昭和31～33

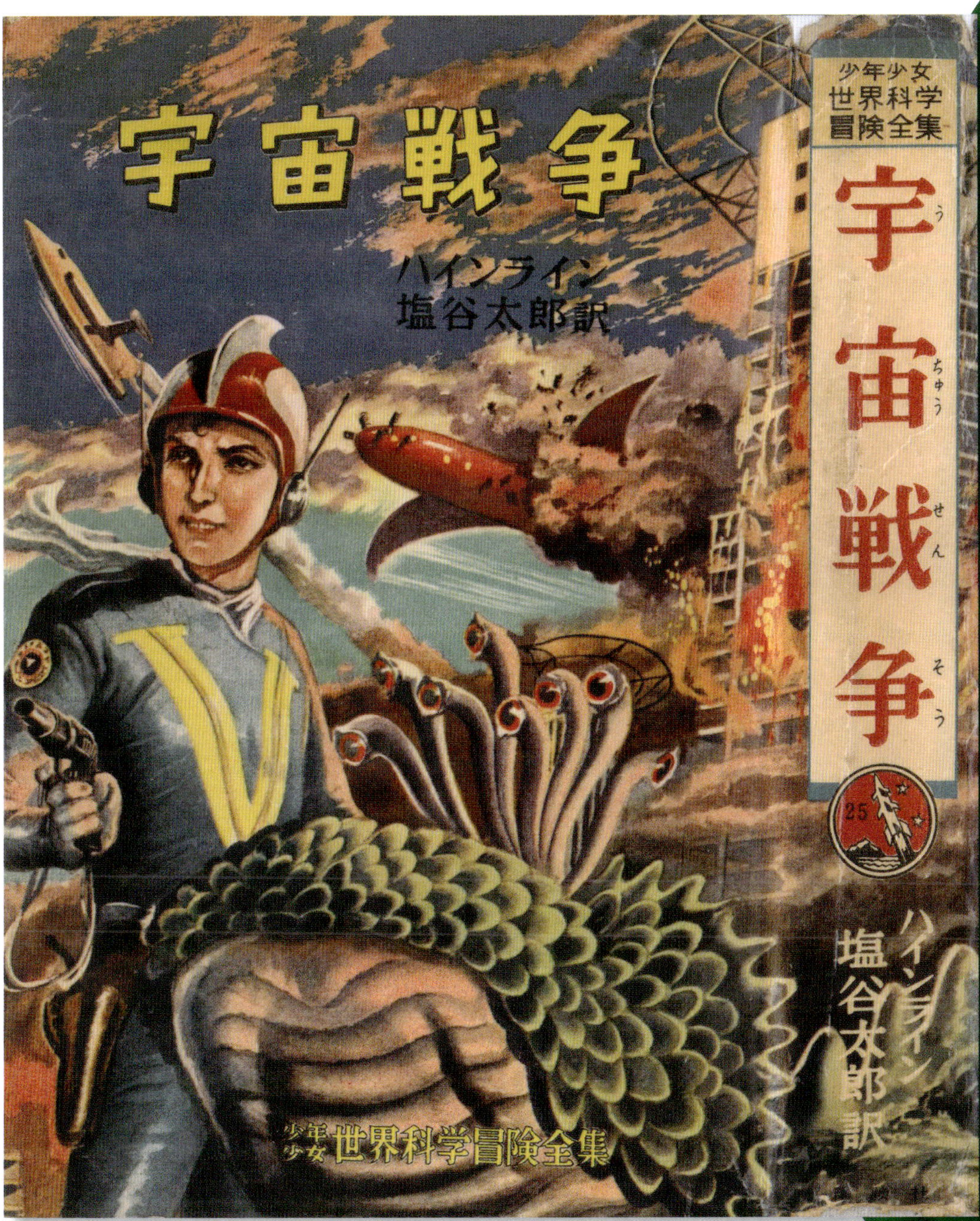

第25巻『宇宙戦争』ハインライン／塩谷太郎訳。初版 昭和32年。［絵］小松崎茂。原作は『栄光の星のもとに』。
「火星生れのドン少年が、ジェノフソン博士からあずかった秘密ロケットの図面を持って、地球から火星に帰っていく。ドン少年は、竜のかっこうをした金星人や金星のふしぎな動物となかよくなったり、冒険しながら、火星に帰って……」（広告より）

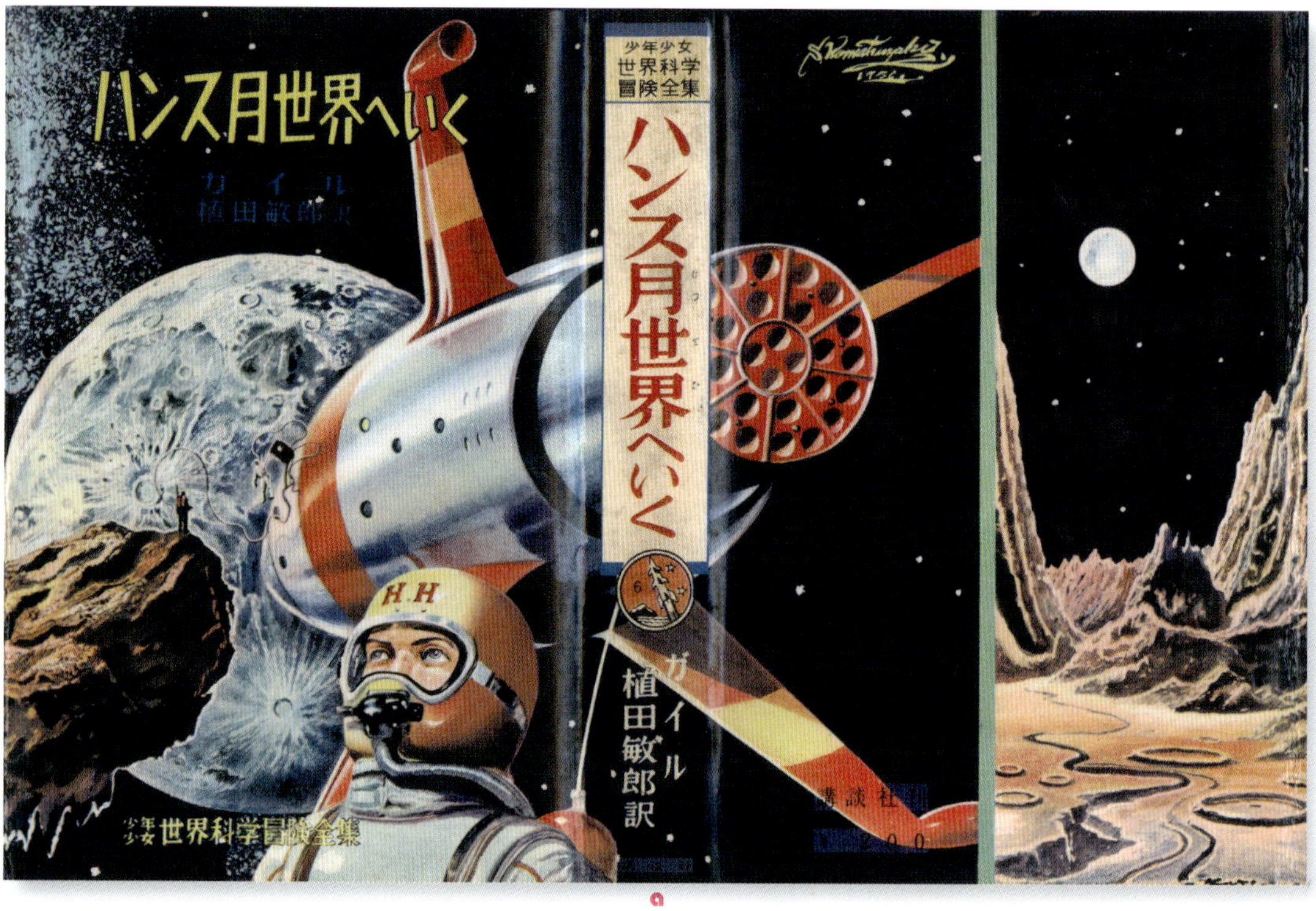

a

c

b

a　第6巻『ハンス月世界へいく』ガイル／植田敏郎訳。初版 昭和31年。［絵］小松崎茂。「あっあぶない、海についらくするかもしれない……」（広告より）

b　第1巻『宇宙船ガリレオ号』ハインライン／塩谷太郎訳。初版 昭和31年。［絵］小松崎茂。「大宇宙の驚異と息づまる冒険をあわせた傑作」（広告より）

c　第2巻『少年火星探検隊』イーラム／白木茂訳。初版 昭和31年。［絵］小松崎茂。「火星の人間は、ほろんでしまったのだろうか」（広告より）

全三五巻のうち三四巻のカバーを、絵物語で人気作家だった小松崎茂が手掛けている（五巻『希望号の冒険』のみ古賀亜十夫）。表紙と裏表紙は一枚絵のイラストで、開いて見た時の迫力は圧巻。また裏表紙には小松崎らしい洒落たデザインが施されているのがカッコイイ。

新しい読み物として紹介されたSFは、宇宙時代到来を告げるファンファーレだった。このシリーズはたちまち子供たちを魅了し、爆発的なヒットとなった。海外だけでなく、日本人作家による作品もラインナップされているのが特徴。

「この全集は、アメリカやソヴィエトをはじめ、世界の国々でさかんとなっている科学空想冒険小説の傑作と、大自然の謎ととりくむ学者や探検家などの感動ふかい事実物語を集めて、日本の少年少女のみなさんにおおくりするものです」（広告より）

a 第3巻『宇宙探検220日』マルチノフ／木村浩訳。初版 昭和31年。［絵］小松崎茂。「大宇宙を舞台にくりひろげられる探検競争」（広告より）

b 第7巻『赤い惑星の少年』ハインライン／塩谷太郎訳。初版 昭和31年。［絵］小松崎茂。原作は『レッド・プラネット』。「ウィリスはフットボールぐらいの大きさだ……」（広告より）

c 第8巻『深海冒険号』ブレイン／小西茂木訳。初版 昭和31年。［絵］小松崎茂。「悪者たちのねらっているのは水中にしずんでいる……」（広告より）

b

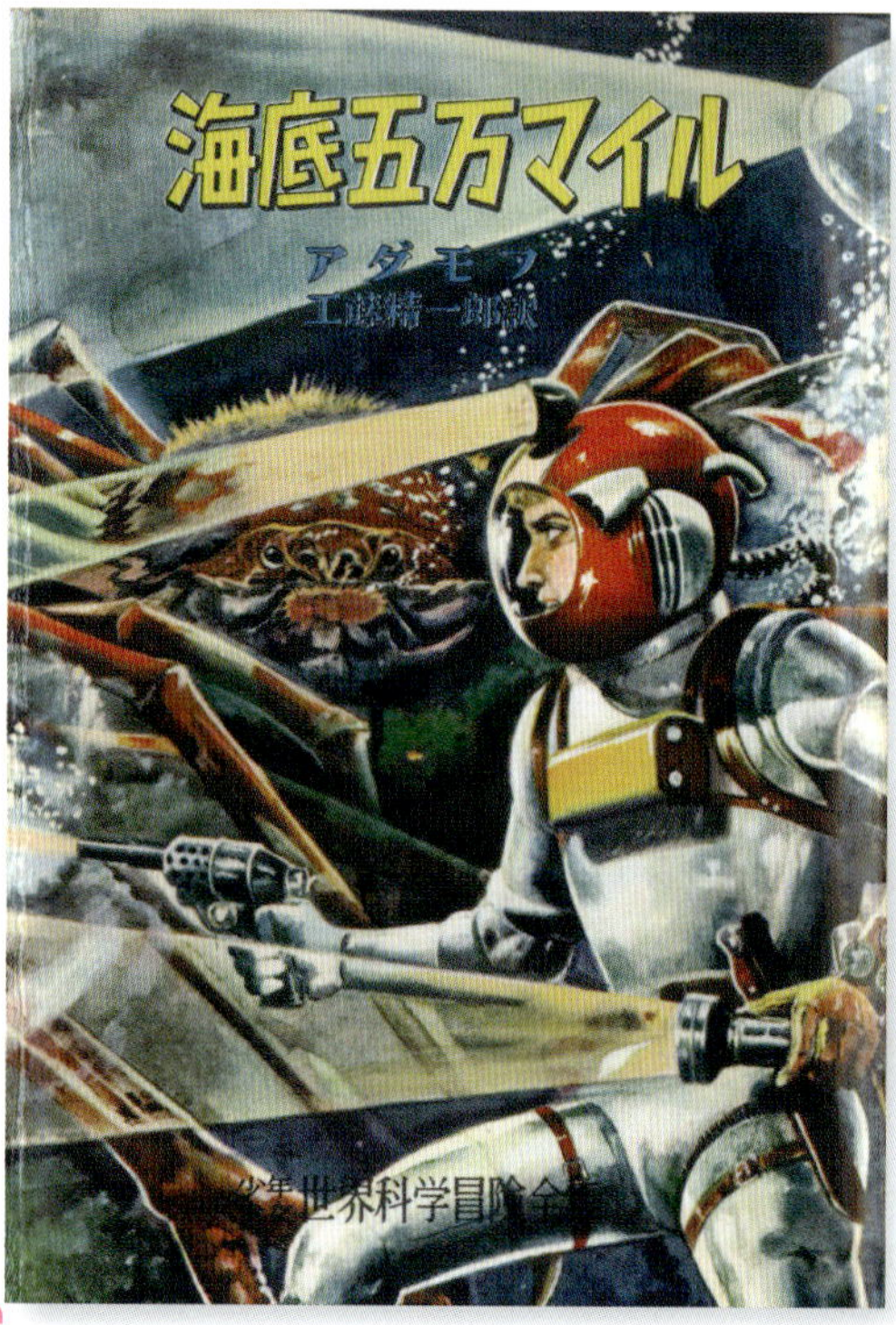

a

d

c

a　第11巻『海底五万マイル』アダモフ／工藤精一郎訳。初版 昭和31年。［絵］小松崎茂。「すごいな。なんて大きいんだろう……」（広告より）
b　第13巻『金星の謎』ムーア／塩谷太郎訳。初版 昭和31年。［絵］小松崎茂。「あっ大こうもりの襲撃だ……」（広告より）
c　第15巻『火星にさく花』瀬川昌男。初版 昭和31年。［絵］小松崎茂。「ぴかっ、ものすごい爆発が起こった……」（広告より）
d　第16巻『宇宙島の少年』フリッツ／植田敏郎訳。初版 昭和31年。［絵］小松崎茂。「人工衛星（宇宙島）にいったペーターが見たものは……」（広告より）

第27巻『地底世界探検隊』オーブルチェフ／袋一平訳。初版 昭和32年。［絵］小松崎茂。
「ロシアの探検隊員六人が、北極の火山口から海面下九千メートルのプルトニア国にはいり、マンモス、恐竜、剣竜などの大昔の巨大動物たちにあう。また大あり、大わしにおそわれながらも、ふしぎな地底世界のプルトニアを探検する波瀾にとんだ冒険物語」（広告より）

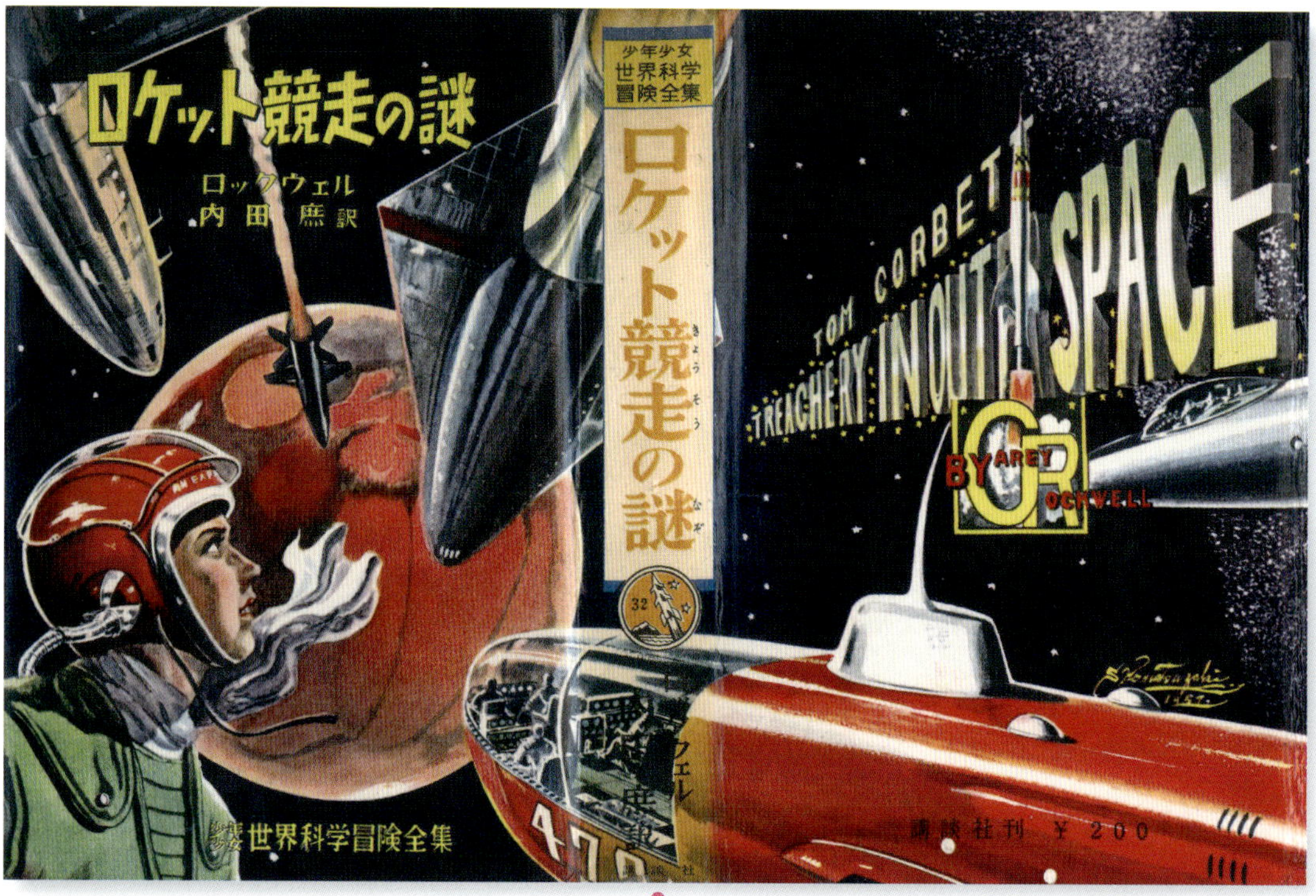

a

c

b

a　第32巻『ロケット競走の謎』ロックウェル／内田庶訳。初版　昭和32年。［絵］小松崎茂。「ケントが優勝した。おかしいぞ……」（広告より）

b　第17巻『両棲人間一号』ベリャーエフ／木村浩訳。初版　昭和32年。［絵］小松崎茂。「アンドレはみるみるうちに深海へもぐっていった」（広告より）

c　第23巻『ぼくらの宇宙旅行』原田三夫。初版　昭和32年。［絵］小松崎茂。「人工衛星はじめ宇宙のためになるいろいろなお話」（広告より）

挿絵画家列伝 Illustrator's File 1

小松崎 茂

こまつざき・しげる

小松崎茂は大正四年二月一四日、東京都に生まれた。

先祖は茨城県で由緒ある豪農だったという。しかし祖父の道楽で家運は傾き、財産を失う。その後、家族は上京する。

小松崎が挿絵画家となったのは、雑誌《少年倶楽部》に掲載された樺島勝一や高畠華宵の絵に惹きつけられたことによる。やがて絵の上手い友人や学校の洋画の先生の影響から画家を志すようになった。

昭和六年、日本画家の堀田秀叢に入門。洋画が好きだったが日本画の方がお金になるといわれたからだ。しかし絵を習っているだけでは収入はない。挿絵で稼ぎながら絵を勉強できないかと考え、昭和一〇年、堀田の弟弟子である挿絵画家・小林秀恒に弟子入りし、三年間学んだ。小林の紹介で新聞文芸社へ売り込みに行き、昭和一三年、《小樽新聞》の悟道軒円玉「白狐綺談」で挿絵画家としてデビューする。その後も地方新聞の挿絵を描いた。

昭和一四年、国防科学雑誌《機械化》の表紙や口絵に未来の新兵器を描いた。これが小松崎の空想科学画、SF画の原点になったといわれている。

昭和二三年、《冒険活劇文庫》に連載した超特作科学冒険物語「地球SOS」が大ヒット。絵物語がブームとなる。その後も「宇宙王子」「火星王国」「空中の魔人」など、数多くの空想科学絵物語を発表。少年少女向けの雑誌にいくつもの連載を持ち、人気作家となった。

小松崎が手掛けたジュヴナイルSFシリーズに〈少年少女世界科学名作全集〉と〈少年少女世界科学冒険全集〉がある。絵物語ブームはやや下火になっていたものの、少年雑誌の表紙や口絵を描いて人気だった頃である。描くメカはカッコイイし、少年はどこか艶っぽい。なかでも『宇宙戦争』(25頁)は茂ならではの絵といえるだろう。小説の中では詳しく書かれていない主役のドン少年のコスチュームを、特撮映画に登場するようなデザインにしている。今見ると妙に懐かしいような気がする。

平成一三年一二月七日、逝去。享年八六歳。

a 第24巻『恐怖の月爆弾』モグリッジ／久米穣訳。初版 昭和32年。［絵］小松崎茂。「世界征服をねらうスパイ団と戦う少年の活躍……」(広告より)

b 第33巻『海底艦隊』ポール&ウィリアムスン／塩谷太郎訳。初版 昭和32年。［絵］小松崎茂。原作は『深海の恐竜』。「トンガ海溝にはめずらしい両棲人が住んでいた」(広告より)

石泉社と講談社

——日本SF黎明期に輝くふたつの児童向け叢書

牧 眞司

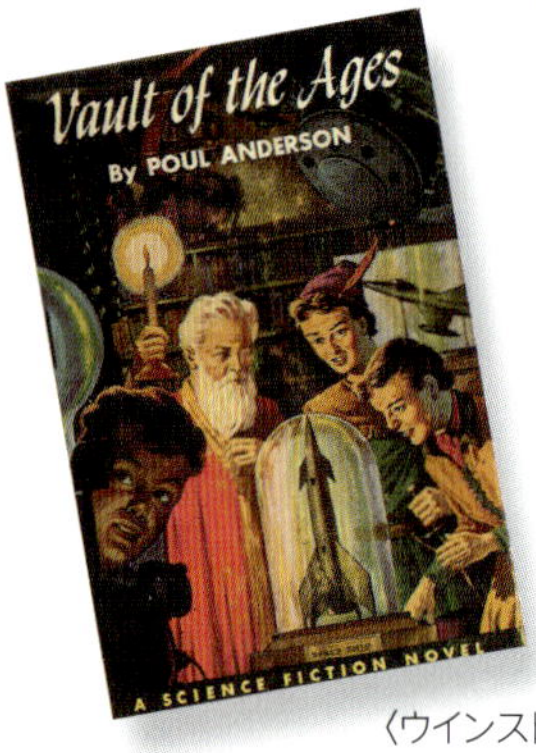

〈ウインストンSF〉シリーズ

日本における現代SF史は、早川書房の叢書〈ハヤカワ・ファンタジイ〉（一九五七年～、のちに〈ハヤカワ・SF・シリーズ〉と改称）、もしくは同じ版元の専門誌《SFマガジン》（六〇年～）から説きおこすのが、習わしのようになっている。この以前にも、海外SF紹介の試みはいくつかあるが大きな影響力を持つにはいたらなかったため、すべて「前史」として扱われる。しかし、そうした歴史観は、ほんとうに正当だろうか？

六〇年前後には、「SFと西部劇に手を出すと必ずつぶれる」とのジンクスがあった。たしかに現象面ばかりを見れば事実に思える。しかし、その現象を「SFは商売にならない」「SFは広い読者に受け入れられない」という結論に結びつけるのは早計だ。

たとえば、日本最初のSF専門誌《星雲》（五四年）は創刊号だけで終わったが、それは取次とのトラブルが原因だった。また、元々社の叢書〈最新科学小説全集〉（五六～五七年）は、翻訳が悪かったから売れなかったと言われたりするが、いくつかの巻は重刷がかかっているし、一年間に十八冊を刊行したのだから一定の成果と見るべきだろう。《星雲》や〈最新科学小説全集〉を失敗とみなすのは、早川書房のSFラインが定着したのち、遡行的にSF史を眺めるからである。さらに踏みこんでいえば、《SFマガジン》編集長・福島正実がなかば戦略的にそうした歴史観に拠り、SF関係者や読者を啓蒙したのだ。そう、歴史は勝者がつくるのである。誤解がなきよう付け加えておくと、日本SF界の発展を一義に考えたとき、福島がとった戦略はどちらかといえば正しかったと、ぼくは考えている。そのあたりの事情を論じはじめると長くなるし、ここはその場でもない。

しかし、当然ながら、福島史観の見直しは必要だ。SF研究家の高橋良平が傍証を丹念に集め、《本の雑誌》に「日本SF戦後出版史」を連載しているので、興味のある方はごらんになるとよい。

これまで前史扱いされていたなかで、ぼくがとくに重要と考えるものがいくつかある。前述の元々社シリーズもそのひとつだが、それ以上に注目すべきなのが石泉社と講談社の児童向けSF叢書だ。

いま石泉社と講談社とひとくくりにしたが、これは読者対象と刊行時期が重なるからだ。先行したのは石泉社である。同社は〈少年少女科学小説選集〉を五五年末に創刊し、一年間で二十一巻を刊行した。ちなみに、この翻訳陣に福島正実も参加している。一方、講談社はそれに遅れること半年、五六年夏に〈少年少女世界科学冒険全集〉を創刊し、一年半ほどで三十四巻に達した。児童向けSF叢書というまったく競合企画となれば、これはひたすら体力勝負になるわけで、当然ながら大手の講談社が有利になる。その実状は、翻訳権エージェントとして両叢書に関わった宮田昇が、著書『東は東、西は西』（早川書房）で回顧している。

いまにして思えば、石泉社と講談社のふたつの叢書が併立してSF文化を盛りあげてもらいたかったところだが、その当時はそれを許容するほどの市場がなかった。おこづかいで単行本を買える子どもは少なく、貸本屋や図書館を利用するのが通常という時代だ（そのため、この時代の児童SFをいま探すと、状態の良いものはなかなか見つからない）。しかし、一冊ごとの稼働率は高く、多くの少年少女がSFに親しんだことになる。

営業面では講談社に寄りきられた石泉社だが、その意義において劣るところはない。作家の横田順彌をはじめ、石泉社シリーズでSFの面白さに開眼したひとは多い。なにより、このシリーズが先鞭をつけたからこそ、講談社も後追いをしたのである。

また、単純に作品のレベルで較べれば、石泉社のほうが講談社よりも粒が揃っている。その理由は単純明快。石泉社には元ネタがあったのだ。それは米国で刊行中だった児童向け叢書〈ウインストン・サイエンス・フィクション〉である。

版元のウインストン社は、二十世紀前期より児童書出版を手がけていた老舗だった。〈ウインストンSF〉の創刊は五二年だが、同社はその立ちあげにあたり、名の通った実力作家を起用した。クラーク、アンダースン、オリヴァー、ナース、ウォルハイム、レイモンド・ジョーンズ、デル・リー（セント・ジョン、ヴァン・リーン、ケネス・ライトも彼の別名義である）あたりは、日本のSFファンにとっても馴染みのある名前だろう。また、エド・マクベインが、リチャード・マーステン名義、エヴァン・ハンター名義（その作品は石泉社版では邦訳されなかったが）で参加している。これ以外の執筆者もほとんどが、雑誌や単行本で大人向けの小説を発表したキャリアの持ち主だ。この叢書以前にも児童SFは存在したものの、ロバート・A・ハインライン作品（後述）を別にすれば、単純な発明小説かパルプ小説まがいの冒険ものだった。〈ウインストンSF〉はそれと一線を画し、ストーリーのなかに人間的な葛藤や科学技術の両義性を盛りこみ、成長してゆく主人公を描きだした。

〈ウインストンSF〉は六一年まで継続して四十冊近くを送りだすが、その刊行途中で石泉社が邦訳をはじめたのである。原書とのタイムラグは三～四年。後期の巻にいたってはわずか一年ほどで邦訳されたものもある。日本の小さなSFファンたちはイキの良い新作にふれることができたのだ。

石泉社〈少年少女科学小説選集〉に較べると、講談社〈少年少女世界科学冒険全集〉は作品の質にばらつきがある。〈ウインストンSF〉以前の古い型の発明SFや冒険SFも含まれているのだ。たとえば、アップルトン『空中列車地球号』は、典型的な発明小説である。これは一九一一年から続く人気シリーズ〈トム・スイフト〉の一冊だが、すでに米国では主人公が代替わりした新作がはじまっているのに、よりによって戦前の旧作（三一年）を邦訳したのである。ちなみに新作シリーズのほうは、講談社『空中列車地球号』刊行（五七年五月）よりわずかに早く、石泉社が〈トム・スイフトの冒険〉と銘打ち三作品を紹介している（五七年二～四月）。講談社〈少年少女世界科学冒険全集〉ではこれ以外にも、ブレイン『深海冒険号』『チベットの秘密都市』『黄金のずがい骨』『月ロケットの秘密』がリック&スコッチーのコンビが活躍する秘境探検シリーズ、モグリッジ『恐怖の月爆弾』がピーター少年を主人公とした科学活劇シリーズと、ともに古いタイプの児童SFである。まあ、現代の目で見ればこうした種類の作品はかえって珍しく、貴重とも言えるのだが。

講談社の叢書で肯定的な意味で特筆すべきは、さまざまな国のSFが集められている点だ。石泉社は〈ウインストンSF〉を拠り所にしたため、あくまで米国作品が主体で、ひとにぎり英国・豪州作家がいる程度だった。それに対して、講談社叢書は米英仏独露日とじつに多彩である。

もうひとつ講談社叢書の特長は、ハインラインの児童SF三作を含んでいることだ。これはポイントがずいぶん高い。米国の児童SFの歴史においてハインラインの登場は一大エポックであり、彼の作品によってこの分野の水準が一新されたと言っても過言ではない。四七年の『宇宙船ガリレオ号』を皮切りに、四八年『栄光のスペース・アカデミー』、四九年『赤い惑星の少年』と、年一、二作のペースで五八年の『大宇宙の少年』まで都合十二作を数えた。版元は大手のスクリブナーズである。ハインラインはSF黄金期の御三家に数えられる（あとのふたりはご存知のとおりアシモフとクラーク。彼らも児童SFを手がけている）実力作家だが、大人向け作品執筆と同等の努力（本人はそれ以上だったと述懐している）を、児童SFに注いだ。このハインライン児童SFの成功がまずあり、それに倣って〈ウインストンSF〉が企画されたのだ。

右に概観したように、講談社〈少年少女世界科学冒険全集〉はさまざまな要素が含まれており、語りはじめるとキリがない。また、のちに講談社は、この全三十四巻をベースにしてラインナップの再検討をおこない、全二十巻の〈少年少女世界科学名作全集〉（六一～六二年）、全十五巻の〈世界の科学名作〉（六五年）を刊行。それぞれがSF普及に大きな貢献を果たす。どの作品が取捨されどんな作品が追加されたのか、その変遷も興味深いのだが、残念ながら枚数が尽きた。いつか機会があれば発表したい。

名作冒険全集
（全45巻）
偕成社
昭和32～35

第3巻『とうめい人間』ウェルズ／武田武彦訳。重版 昭和42年。［絵］白井哲。絵を担当した白井哲の本名は小林久三。津神久三という別名もある。

b

a

c

シリーズ名が示すとおり、ＳＦだけの叢書ではない。『名探偵ホームズ』や『ノートルダムのせむし男』など、探偵小説や歴史物をはじめ様々なジャンルの冒険物語がラインナップされている。「刊行のことば」には「発育ざかりの児童に、心の栄養として必要な知性、情操、勇気等を与える本――この要望にこたえて生れたのがこの全集であります。企画に当っては、世界各国の児童に親しまれた文学作品の中から、健康的興味のうちに勇気と忍耐力、知識と科学心等を培うもので、しかも小学生の理解力に最もふさわしい作品を選びました」とある。

また、大佛次郎は「せせこましい社会生活のなかで、人間の力の飛躍や未知の可能への確信をつけてくれるものは、少年の日の冒険小説に依ることが多い」と推薦の言葉を寄せている。キャッチフレーズは「世界の児童にしたしまれているすぐれた文学作品のなかから興味のうちに勇気、情操、科学への夢をつちかう名作を網羅！」。

a　第8巻『失われた世界』ドイル／白木茂訳。重版 昭和43年。［絵］岩井泰三。
b　第21巻『海底人間』ドイル／野田開作訳。重版 昭和44年。［絵］岩井泰三。原作は『マラコット深海』。
c　第23巻『月世界たんけん』ウェルズ／白木茂訳。重版 昭和43年。［絵］小松崎茂。原作は『月世界最初の人間』。

第24巻『火星の砂の秘密』F・M・ブランレー／内田庶訳。第4刷 昭和41年。［函絵］武部本一郎。
「未来に大きな夢を持ちましょう。ソビエトの宇宙開発をみるとき、わたしたちの未来はかがやかしい。さあ、アメリカの小説家ブランレーのこしらえた宇宙船北極星号にのって、火星へ出発しましょう」(内田庶「はしがき」より)

b

a

d

c

a 第3巻『地球SOS』瀬川昌男。第8刷 昭和43年。［函絵］依光隆。共同通信社を通じ《信濃毎日新聞》など全国各地の新聞に連載された絵物語を一冊にまとめた。
b 第4巻『九号衛星のなぞ』P・フレンチ／土居耕訳。第6刷 昭和42年。［函絵］武部本一郎。ラッキー・スターを主人公とした少年少女向けのシリーズの一冊。函と表紙とではなぜか絵の向きが逆になっている。アイザック・アシモフのペンネーム。
c 第6巻『人工衛星ケーツ』ア・べリャーエフ／北野純訳。第6刷 昭和42年。［函絵］依光隆。
d 第8巻『火星救助隊』P・ムーア／亀山龍樹訳。第6刷 昭和42年。［函絵］依光隆。

b

a

d

c

a　第11巻『タイム・マシン』H・G・ウェルズ／西原康訳。第10刷 昭和43年。［函絵］小野田俊。「タイム・マシン」と「モロー博士の島」のカップリング。両作品にジュリーとポールという少年少女を登場させ、書き改められている。

b　第12巻『月世界地底探検』H・G・ウェルズ／白木茂訳。第7刷 昭和42年。［函絵］伊藤展安。原作は『月世界最初の人間』。

c　第13巻『死の金星都市』スタニスラフ・レム／秋田義夫訳。第5刷 昭和42年。［函絵］依光隆。

d　第14巻『地球のさいご』R・ジョーンズ／土居耕訳。第5刷 昭和42年。［函絵］依光隆。

第15巻『消えた惑星のなぞ』ゲー・マルチノフ／馬上義太郎訳。第5刷 昭和42年。［函絵］武部本一郎。

第一期一二巻としてスタート。さらに第二期一二巻が追加され、全二四巻となった。

函入のほかにカバー装のものもある。表紙は主に依光隆と武部本一郎が担当。統一の取れた落ち着いた雰囲気のある装本となっている。

『宇宙戦争』『タイム・マシン』といった本来子供向けでない作品も子供向きに翻訳されて並んでいる。翻訳物が中心だが、日本人作家として唯一、瀬川昌男『地球SOS』が加わっている。

発行元の岩崎書店は〈ベルヌ冒険名作選集〉や〈SF世界の名作〉〈SF少年文庫〉など数々のSFシリーズを刊行したことで知られる。シリーズは第一期だけでなく第二期と続くものも多く、子供たちにSFを広めることに貢献してきた。また、〈SFえどうわ〉〈あたらしいSF童話〉など、幼年向けのSFも刊行している。

挿絵画家列伝　Illustrator's File 2

武部本一郎

たけべ・もといちろう

武部本一郎は大正三年四月二四日、大阪府に生まれた。父は武部白鳳の雅号を持つ日本画家。

昭和七年、兵庫県にある甲陽中学を出る。在学中より画家を志し、独学で絵を学んだという。

昭和一四年、召集。入隊後、病を患い療養生活を経て昭和一六年に除隊。昭和一九年、結婚。大阪で新居を構える。

昭和二〇年、京都に転居。美術活動に打ち込む。昭和二一年、『第1回行動美術展』に「裏町」を出品し入選。その後、行動美術協会の激励賞や研究所賞などのほか、京展賞など数多くの賞を受賞した。

昭和二八年、京都の宇多野に家を建てる。この頃、住んでいた宇多野の地名と武部を合わせた宇田野武などのペンネームで紙芝居を手掛けている。海を舞台にした冒険活劇『海の鷹　シーホーク』（作＝山本梧晴／画＝宇田野武／製作＝ふるさと）、南極を舞台にしたSF『南極大陸』（作・線＝宇田野武／色＝岡／製作＝友愛社）などがある。マンガも手掛け、それらが切っ掛けとなり《少年画報》で「少年柔道王　月影四郎」を連載。また《おもしろブック》でも「醍醐天平」を連載した。

昭和三二年、家族と共に上京。『ビルマの竪琴』などの児童文学の装画や挿絵を描くようになると、依頼が殺到するようになる。

昭和三三年、〈名作冒険全集〉『ダンカン号の冒険』。昭和三五年、〈ベルヌ冒険名作選集〉『難破船』。昭和三五年、〈少年少女宇宙科学冒険全集〉。昭和三八年、〈ベリヤーエフ少年空想科学小説選集〉など、数多くのジュヴナイルSFを手掛けた。『火星の砂の秘密』（36頁）はその一例。昭和四〇年に〈創元推理文庫〉のエドガー・ライス・バローズ〈火星シリーズ〉第一作『火星のプリンセス』を描き、武部の描くヒロイン、デジャー・ソリスはSFファンを虜にし、日本SFアートの第一人者となるのだが、この頃からすでに武部の独特な描き方は完成していることがわかる。子供向けであろうが大人向けだろうが同じようなテイストで描くのが武部のスタイルだ。

昭和五五年七月一七日、逝去。享年六六歳。

少年少女世界科学名作全集（全20巻） 講談社 昭和36〜37

第4巻『宇宙船ガリレオ号』ハインライン／土居耕訳。初版 昭和36年。［函絵］小松崎茂。

〈少年少女世界科学冒険全集〉からセレクトした作品に新しい作品を加えて構成されたシリーズ。表紙は全巻、小松崎茂が担当。

b

a

d

c

a　第3巻『少年火星探検隊』イーラム／白木茂訳。初版 昭和36年。［函絵］小松崎茂。
b　第6巻『海底五万マイル』アダモフ／工藤精一郎訳。初版 昭和36年。［函絵］小松崎茂。
c　第17巻『星の征服者』ボバ／福島正実訳。初版 昭和37年。［函絵］小松崎茂。
d　第20巻『宇宙への門』ベルナ／那須辰造訳。初版 昭和37年。［函絵］小松崎茂。

世界推理・科学名作全集（全24巻）

偕成社　昭和37〜41

b

a

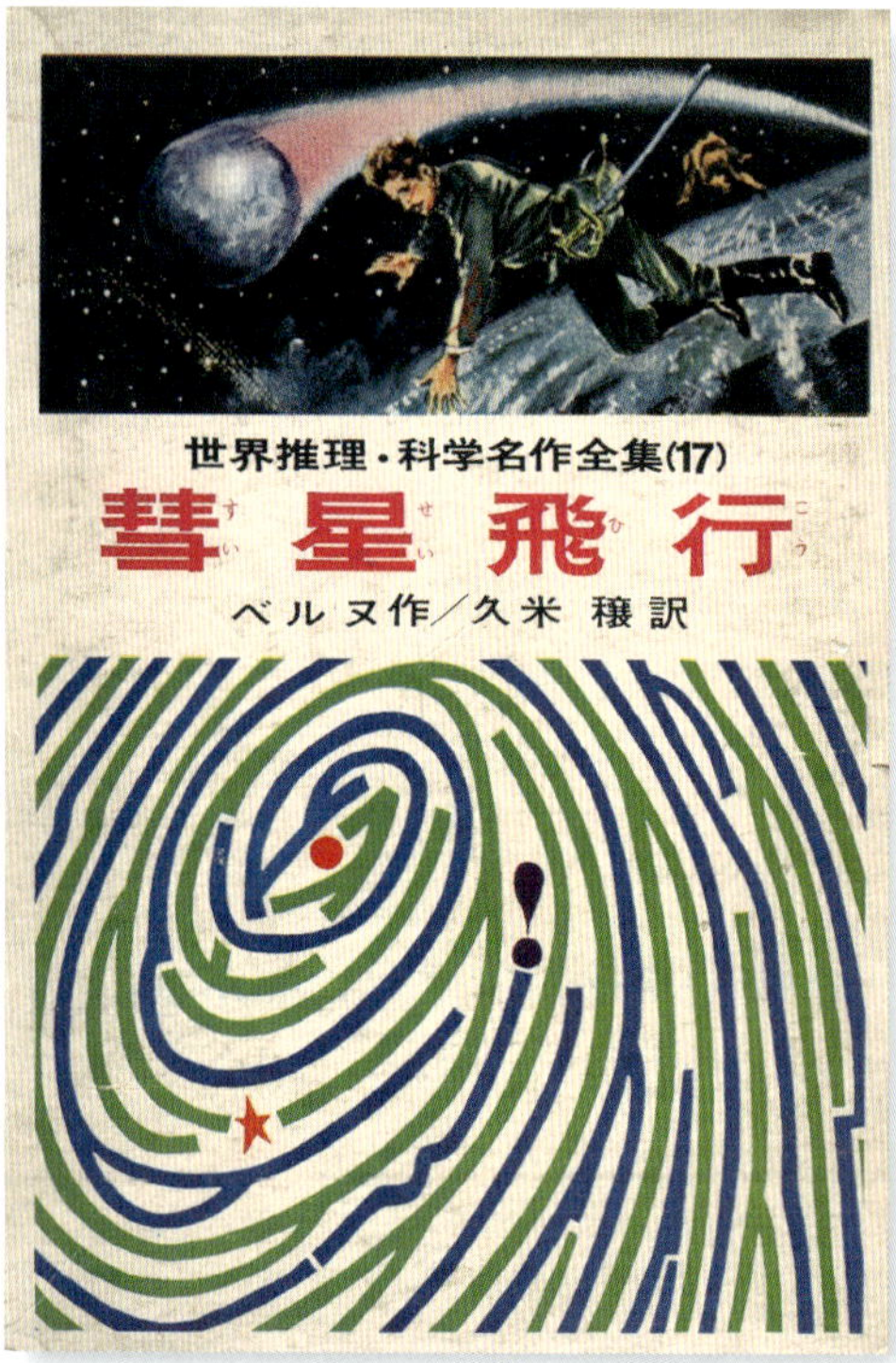

d

c

a　第1巻『星からの怪人』ポレシチューク／袋一平訳。重版 昭和39年。［函絵］依光隆。
b　第2巻『宇宙船220日』マルチノフ／野田開作訳。重版 昭和38年。［函絵］岩井泰三。
c　第7巻『宇宙戦争』ウェルズ／白木茂訳。重版 昭和39年。［函絵］武部本一郎。
d　第17巻『彗星飛行』ベルヌ／久米穣訳。重版 昭和39年。［函絵］依光隆。

推理ものとSFとが混在しているシリーズ。背のデザインに異装版がある。「興味のうちに豊かな推理力と科学への夢を培う世界の名作」がキャッチフレーズ。

ベリヤーエフ少年空想科学小説選集（全6巻）岩崎書店 昭和38

b

a

d

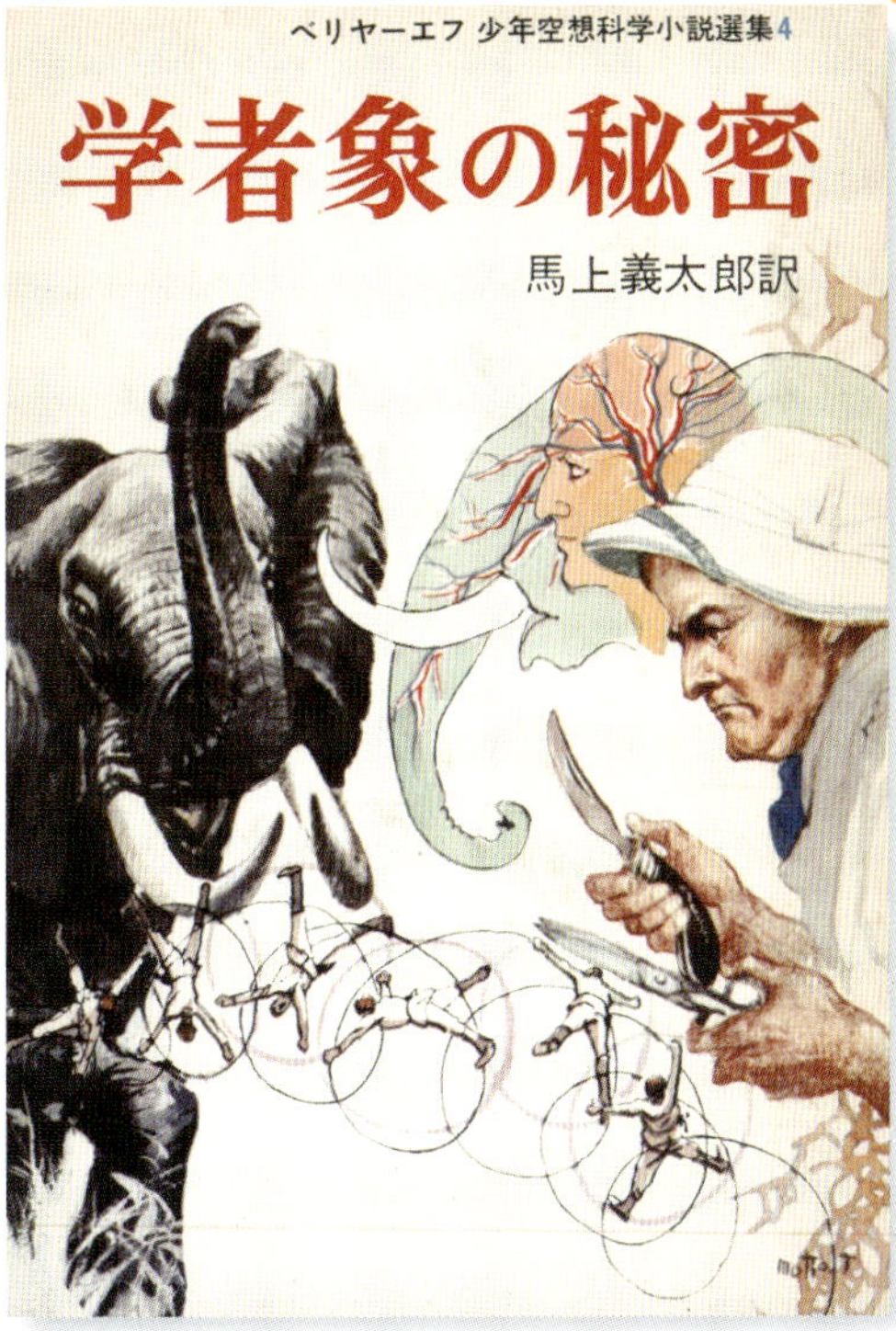

c

a 第1巻『世界のおわり』馬上義太郎訳。初版 昭和38年。［函絵］武部本一郎。
b 第2巻『空気を売る男』馬上義太郎訳。初版 昭和38年。［函絵］依光隆。
c 第3巻『ドウエル博士の首』馬上義太郎訳。初版 昭和38年。［函絵］武部本一郎。
d 第4巻『学者象の秘密』馬上義太郎訳。初版 昭和38年。［函絵］武部本一郎。

ソビエトのSF作家、アレクサンドル・ベリャーエフの個人全集。「たんなる空想科学小説ではなくて社会小説としての性格も一面もっています」（広告より）

第8巻『海底五万マイル』アダモフ／工藤精一郎訳。初版 昭和40年。［函絵］依光隆。
「特殊潜水艦ピオネール号にすくわれたパブリック少年は、数百万年前の怪物や大ガニと戦ったりしながら海底旅行をする……」（広告より）

b

a

d

c

a　第1巻『少年火星探検隊』イーラム／白木茂訳。初版 昭和40年。［函絵］依光隆。「火星獣ぞうありにおそわれ、ふかいほらあなにおちたテッドと妹のジルは、すばらしい火星人の文明のあとを発見した……」(広告より)

b　第3巻『地球さいごの日』ワイリー／亀山龍樹訳。初版 昭和40年。［函絵］依光隆。「怪星がしょうとつして、地球はばくはつしてしまう……。住むところを失うことになった人類は、すばらしい計画を……」(広告より)

c　第4巻『宇宙探検220日』マルチノフ／北野純訳。初版 昭和40年。［函絵］依光隆。「火星一番乗り——宇宙探検競争でアメリカにかったソビエト隊のカモフ博士は、ひとりで火星にのこされてしまったが……」(広告より)

d　第6巻『赤い惑星の少年』ハインライン／塩谷太郎訳。初版 昭和40年。［函絵］依光隆。「火星の小学生ジムは、火星人ゲッコと水さかずきの友だちになった。火星人のほらあなには、たくさんのウィリスが……」(広告より)

b

a

d

c

a　第9巻『百万年後の世界』ハミルトン／野田宏一郎訳。初版 昭和40年。［函絵］依光隆。「水爆戦がはじまったのか? ものすごい光とともにミドルタウンは、はるか百万年後の地球へふきとばされてしまった……」(広告より)

b　第12巻『ロボット星のなぞ』カポン／亀山龍樹訳。初版 昭和40年。［函絵］依光隆。「火星の衛星フォボスは、人工衛星だった……。フォボスロボットにさらわれた地球人の子どもが、力をあわせて脱出をはかる」(広告より)

c　第13巻『未来への旅』ハインライン／福島正実訳。初版 昭和40年。［函絵］依光隆。「人工冬眠で未来にやってきたぼくは、そのころ発明されていたタイムマシンで、むかしにかえるすばらしい時間旅行をした」(広告より)

d　第14巻『ハンス月世界へいく』ガイル／植田敏郎訳。初版 昭和40年。［函絵］依光隆。「原子力ロケットを発明したハルト博士はビーラント号で、みごと月世界へ……。そこで発見したアトランチス大陸のなぞは?」(広告より)

挿絵画家列伝 Illustrator's File 3

依光 隆

よりみつ・たかし

依光隆は大正一五年五月一日、高知県で川島家に生まれた。

家は古くから紺屋を営んでいた。常に身近だった染料の鮮やかな色彩が画家への出発点となった。

昭和一五年、満鉄育成学校に入学。中国・満州の大連に渡っていた長兄、川島豊敏（日本未来派の詩人）が親代わりとなり、隆を呼び寄せた。昼間は満鉄調査部北方調査室政治班に勤務し、夜間、勉学に励んだ。だが、授業をさぼっては大連図書館の地下で詩集や本を読んでいることの方が多かったという。

昭和一九年、大連美術学院油絵学科に入学。詩や文学よりも絵に興味を惹かれた。しかし学徒動員の命が届き、同年、帰国。山口県防府海軍通信学校へ入校。昭和二〇年、繰り上げで卒業。海軍第二三突撃隊須崎水上基地へ配属。終戦は基地で迎えた。

高知に戻ると、高知県保険課、高知県教育委員会社会教育課、高知県結核予防会などに勤務した。

昭和二五年、職をやめ絵に専念する。昭和二七年、高知で依光敏子と結婚。昭和二九年、単身で上京。友人の画家の許に転がり込んだ。昭和三〇年、共同通信社に入社。

昭和三一年、〈少年少女世界科学冒険全集〉瀬川昌男『火星にさく花』（28頁）の挿絵を描く（表紙は小松崎茂）。これが依光が描いた最初のSF作品となった。

昭和三三年、共同通信社を退社。フリーの挿絵画家となって活躍するようになる。〈少年少女宇宙科学冒険全集〉では『地球SOS』『火星救助隊』（37頁）『死の金星都市』『地球のさいご』（38頁）などを描いた。また、〈世界の科学名作〉（44頁）では全一五巻の表紙を担当している。

『海底五万マイル』（44頁）などを見て感じるのは、依光の描く少年はどこか日本人離れして見えることだ。日本人が思い描く外人の美少年だといってもいいかもしれない。大連ではロシア人の恋人をモデルに絵を描いていたという。きっとそんなことも影響しているのだろう。

平成二四年一二月一八日、逝去。享年八六歳。

講談社のジュヴナイルSFシリーズは、〈少年少女世界科学冒険全集〉（全三五巻）、〈少年少女世界科学名作全集〉（全二〇巻）と続いたが、この〈世界の科学名作〉（全一五巻）が最後となった。〈少年少女世界科学名作全集〉からセレクトした作品に新しい作品を加えて構成している。それまで表紙は（若干の例外はあるが）小松崎茂を起用していたが、このシリーズは依光隆で統一。若々しいイメージを押し出そうとしたのだろう。

ジュヴナイルSFシリーズでは科学解説やSF解説が付くのは定番。このシリーズも科学評論家・日下実男による解説（『未来への旅』のみ東京大学医学部教授・山村秀夫）と、福島正実によるSF解説が巻末についている。福島はジュヴナイルSFの企画や翻訳を担当しながら、SFを広めるための解説を数多く手掛けた。

第15巻『なぞの惑星X』ライト／内田庶訳。初版 昭和40年。［函絵］依光隆。「宇宙軍士官候補生ボブは、太陽系の第十番めの惑星Xの探検隊にくわわったが、探検隊は、X星の黒ロケットにつかまった」（広告より）

SF世界の名作（全26巻）岩崎書店 昭和41～42

第2巻『27世紀の発明王』ガーンズバック／福島正実訳。第8刷 昭和47年。［函絵］真鍋博。原作は『ラルフ124C41+』。世界初のSF専門誌《アメージング・ストーリーズ》の創刊者、ヒューゴー・ガーンズバックが科学技術が高度に発展した未来世界を描いたSF。27世紀最高の科学者ラルフ124C41+がさらわれた恋人を救いに宇宙へ飛び出す。

b

a

d

c

a　第4巻『超人部隊』ハインライン／矢野徹訳。第6刷 昭和47年。［函絵］久里洋二。
b　第6巻『くるったロボット』アシモフ／小尾芙佐訳。第6刷 昭和47年。［函絵］和田誠。原作は『われはロボット』。
c　第9巻『黒い宇宙船』ラインスター／野田昌宏訳。第6刷 昭和45年。［函絵］柳原良平。
d　第12巻『星を追うもの』E・E・エバンズ／矢野徹訳。初版 昭和42年。［函絵］杉田豊。

b

a

d

c

a　第13巻『恐竜の世界』コナン・ドイル／久米穣訳。初版　昭和42年。［函絵］久里洋二。原作は『失われた世界』。
b　第14巻『時間かんし員』マーウィン・ジュニア／中上守訳。初版　昭和42年。［函絵］原田維夫。
c　第15巻『宇宙船スカイラーク号』E・E・スミス／亀山龍樹訳。第6刷　昭和44年。［函絵］松永謙一。原作は『宇宙のスカイラーク』。
d　第19巻『宇宙パイロット』グレーウィッチ／袋一平訳。初版　昭和42年。［函絵］山下勇三。

挿絵画家列伝 Illustrator's File 4

真鍋 博

まなべ・ひろし

真鍋博は昭和七年七月三日、愛媛県に生まれた。

小さい頃から絵ばかり描いていた。父が出張するたびに買ってきてくれる水彩絵具やスケッチブックを楽しみにしていた。絵が好きな少年は絵に溢れる都会に憧れた。

昭和二三年、愛媛県立新居浜西高等学校に入学。夏休みに美術部顧問の先生に連れられて倉敷にある大原美術館を訪れた。生まれて初めて見る本物のセザンヌ、マチス、ピカソ、エル・グレコなどの数々の作品に感動し、美大への進学を決心。昭和二六年、多摩美術大学油画科へ入学する。

昭和二九年、卒業。昼間は働きながら夜は油絵を描いた。在学中から二紀会に参加。昭和二五年に初出品し、以後、昭和三三年まで出品を続けている。また同じ時期に『アンデパンダン展』への出品や卒業後すぐに個展を開催。創作活動に取り組んだ。

昭和三一年、《ユリイカ》の表紙及び本文のカットを担当。昭和三二年、タケミヤ画廊で展覧会を開催。しかし、閉鎖的な美術界に疑問を感じ、印刷されて多くの人の目に留まるイラストレーションに惹かれていった。

昭和三三年、《宇宙塵》に星新一「おーいでてこーい」の挿絵を描く。

昭和三五年、新宿区に転居。イラストは原画が良くとも印刷されたときに良くなければ意味がない。印刷のことを知りたいと思い、印刷所近くのアパートに越した。

昭和三九年、ニューヨーク万国博覧会において日本館の壁画に「ドリーム・オア・リアリティ?(夢か現実か?)」を制作。昭和四一年、《ミステリマガジン》の表紙、タイトルと目次を担当する。

同年、〈SF世界の名作〉『27世紀の発明王』(48頁)を手掛ける。真鍋が描くイラストはいくつかのタッチがあるが、『27世紀の発明王』は誰もがイメージする真鍋のスタイルといえるだろう。緻密な細い線で描かれたイラストに印刷の指定で着色する。その色合いはどこかメタリックで、SF的だった。真鍋の描く世界は未来そのものだった。

平成一二年一〇月三一日、逝去。享年六八歳。

初めてシリーズ名にSFの文字が付き、新しい時代の幕開けを感じさせた。大人向けの作品を小学校中級向けに翻訳したものを収録。

ブックデザインに鈴木康行を起用。真鍋博、久里洋二、和田誠など、挿絵画家というよりイラストレーターという呼び名が相応しいアーティストに函絵と挿絵を依頼している。斬新なテイストのイラストを使用した魅力的な造本となった。本文は二色刷。文章と挿絵は別の色といった凝りようで、見るだけでも楽しめる。

キャッチフレーズは「宇宙時代を迎える少年少女の空想力や冒険心、創造力 勇気と愛情をはぐくむSFの名作!」「宇宙時代に生きる子どもたちにぴったりのSF世界の名作集!」。

第23巻『エスパー島物語』ステープルドン/矢野徹訳。初版 昭和42年。[函絵]水田秀穂。原作は『オッド・ジョン』。

ジュニアSF（全10巻）
盛光社　昭和42

『時間砲計画』豊田有恒。初版 昭和42年。［函絵］鈴木義治。
「突然電子工学研究所が消えた。時間砲が悪人の手に？　西条博士のゆくえは……」（広告より）

b

a

d

c

a 『新世界遊撃隊』矢野徹。初版 昭和42年。［函絵］依光隆。「空飛ぶ潜水艦「はやかぜ」 新世界遊撃隊の隊長、竜神三郎の活やくは……」（広告より）

b 『夕ばえ作戦』光瀬龍。初版 昭和42年。［函絵］依光隆。「砂塚茂はきみょうな円筒で、現代と江戸時代を往復できるようになった……」（広告より）

c 『黒の放射線』中尾明。初版 昭和42年。［函絵］依光隆。「なぞの黒あざ病。世界じゅうが、この奇病にとりつかれている。原因は何か……」（広告より）

d 『リュイテン太陽』福島正実。初版 昭和42年。［函絵］依光隆。「超新星だ！ リュイテン太陽が原子爆発をおこした。地球はどうなるのか……」（広告より）

b

a

d

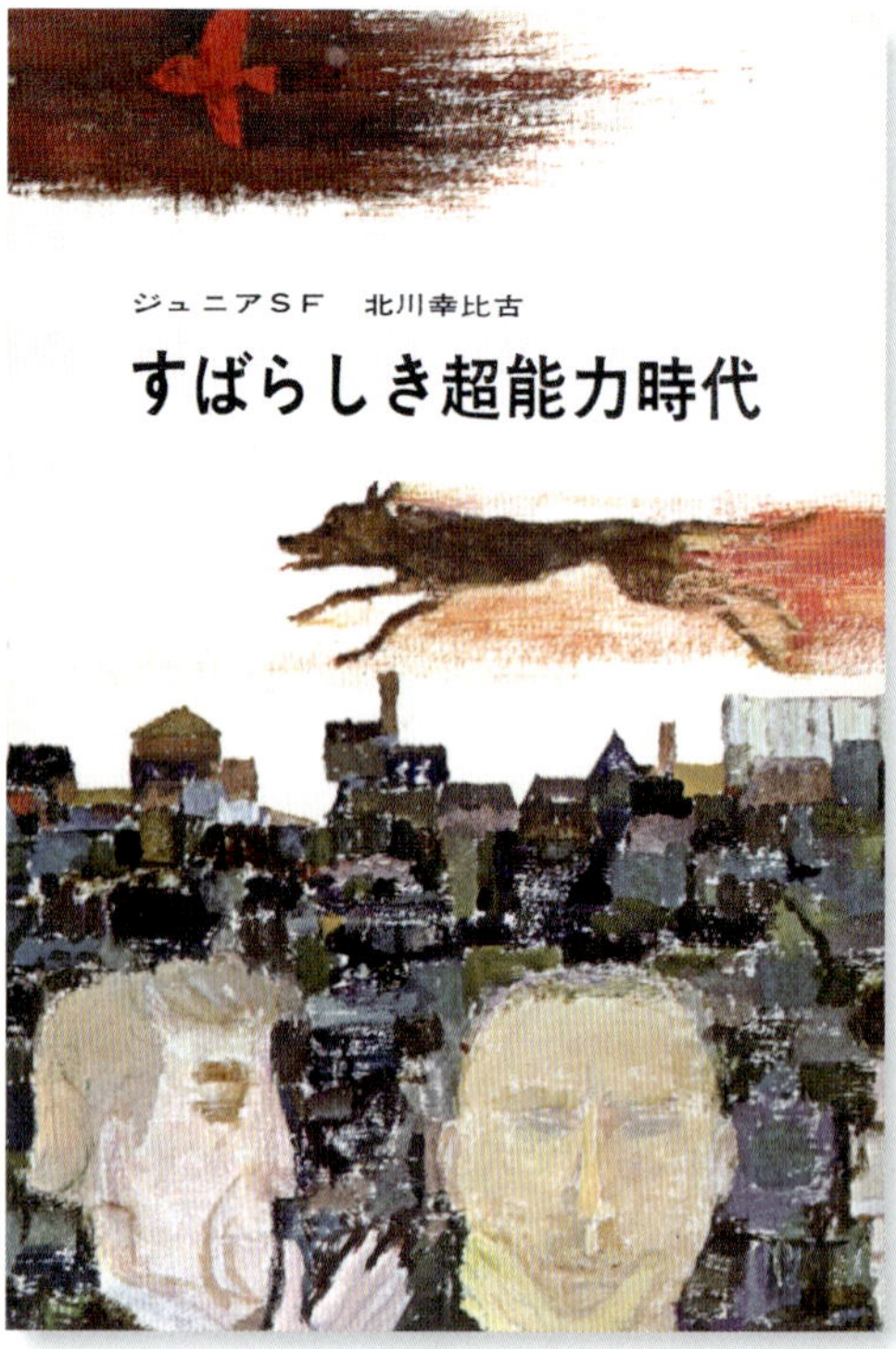

c

a 『時をかける少女』筒井康隆。初版 昭和42年。［函絵］依光隆。「あやしい人影、ラベンダーのかおり、その日から和子は時をかけるようになった」（広告より）

b 『なぞの転校生』眉村卓。初版 昭和42年。［函絵］依光隆。「文明世界より原始世界のほうがましなんだ。そんな不思議な少年が転校してきた」（広告より）

c 『すばらしき超能力時代』北川幸比古。初版 昭和42年。［函絵］鈴木義治。「一日が二日ぶんに使える。思うだけで目的地へ行ける。そんな超能力をわれらに」（広告より）

d 『人類のあけぼの号』内田庶。初版 昭和42年。［函絵］鈴木義治。「真琴は原子力冷凍倉庫にとびこんだ……　気がついたときは、五十年後の東京に」（広告より）

挿絵画家列伝　Illustrator's File 5

鈴木義治
すずき・よしはる

鈴木義治は大正二年四月二九日、横浜に生まれた。

　絵は幼い頃から好きだったようだ。昭和六年、私立の美術学校である川端画学校へ入学。卒業後も独学で絵を続けた。

　昭和九年、東京宝塚劇場に入社。ポスターやプログラムなどの宣伝美術の仕事に従事する。同時に、旺玄会、二紀会、一陽会、三軌会、二科会などの絵画公募へ精力的に出品し、MO賞、特待、会友推薦などを受けている。〝鈴木栄吉〟〝阿部光〟などの別名も使ったという。また〝鈴木光〟名で雑誌の表紙も手掛けている。その後、20世紀フォックス、コロムビアレコードを経て、昭和二九年に会社勤めを辞める。

　昭和三二年、石森延男『コタンの口笛』の装幀・装画を手掛けたことを切っ掛けとして児童図書出版美術の世界に入る。

　昭和四〇年、〈アンデルセン童話全集〉全八巻で産経児童出版文化賞を受賞。昭和四二年、毎日出版文化賞を受賞。

　同年、〈ジュニアSF〉豊田有恒『時間砲計画』(52頁)、北川幸比古『すばらしき超能力時代』、内田庶『人類のあけぼの号』、小松左京『見えないものの影』の表紙を担当。

　鈴木の絵は『時間砲計画』に見るような淡い色使いが特徴だ。少年少女向けのSFを描いたのは〈ジュニアSF〉以外はほとんどない。もっと年齢の低い幼年向けの〈創作S・Fどうわ〉『月の上のガラスの町』(137頁)、〈世界のこどもエスエフ〉『魔ほうのボール』(62頁)、〈創作SFえほん〉『地球よさようなら』、〈こどもSF文庫〉『ももいろの川は流れる』(141頁)などを担当した。

　昭和四四年、『まちのせんたく』『ネコのおしろ』で小学館児童出版文化賞特別賞受賞。昭和四九年、久保喬『火の海の貝』で産経児童出版文化賞推薦。昭和五〇年、山本和夫『海と少年』で産経児童出版文化賞受賞。

　昭和五二年、唯一の画集となる『鈴木義治画集　山びこのメルヘン』を刊行。昭和五九年、児童文化功労賞受賞。昭和六三年、赤座憲久『雨のにおい星の声』で絵本にっぽん賞、産経児童出版文化賞受賞。

　平成一四年、逝去。享年八九歳。

日本SF作家のみで構成されたシリーズ（メンバーは、日本SF作家クラブのジュヴナイル版ともいえる少年文芸作家クラブに所属する作家が中心）。まだSFを発表する場が限られていた時代、光瀬龍、筒井康隆、眉村卓などが活躍の場を求め、学習雑誌などに連載した作品が集められている。『夕ばえ作戦』『時をかける少女』『なぞの転校生』は後にNHKでドラマ化され有名となった。

　函絵は依光隆と鈴木義治が担当。白を基調としたデザインが美しい。函の背のデザインの違う異装版もある。巻末には福島正実による「解説・SF入門」が付き、全巻を通して読むとSFの基礎がわかる仕組みになっている。

　発行元の盛光社は、〈創作S・Fどうわ〉〈創作SFえほん〉などの幼年向けSFも刊行した。また、SF雑誌《奇想天外》でも知られる。《奇想天外》は《SFマガジン》に次ぐ、第二のSF誌。盛光社版《奇想天外》は第一期で、通巻一〇号で休刊となっている。

『見えないものの影』小松左京。初版　昭和42年。［函絵］鈴木義治。「とけいがつぎつぎと消えていく…犯人は毛むくじゃらで、グニャグニャの……」（広告より）

私とジュブナイルSF

眉村 卓

眉村卓『なぞの転校生』鶴書房 SFベストセラーズ 昭和47年。［絵］桜井誠。

横に置いたノートを見ながら、この文章を書きだしたわけだが、それによると、学研の「中二コース」に連載で「なぞの転校生」を書きだしたのは、一九六五年のことである。読者である中二を対象に、学園を舞台にした小説を、ということで、大阪に来てくれた二人の編集部員に、天王寺のホテルであらすじを渡し、読んでもらって、ではこれで行って下さいということになったのであった。何だか無愛想な編集者たちだなあ、とそのときは思ったのだが、後年話を聞くと、前の晩にアベノ界隈で飲み過ぎて、宿酔状態だったそうである。

それでも編集者たちは、真面目に私に警告した。

「子供というのは正直でね、どんな大家が書いても面白くなければ見向きもしません。面白いものを書いて下さい」

よろしいとも、と、駆け出し作家だった私は心の中で言った。

そもそもが、そんな依頼が私のところに来たというのも、当時、旺文社の「中一時代」(から「中二時代」に持ちあがり)に連載中の光瀬龍さんの「夕映え作戦」が評判で、だったらうちも、連載の三本柱の一本をSFにしよう、と、競争誌が書き手を探し、福島正実さんの紹介で、私に話が回って来たらしい。もっともこれは後で誰かから聞いた話なので、私は直接には知らない。

その頃、先行デビューしたSF作家はともかくとして、私たちのようなSFの書き手には、ろくに仕事がなかった。それが自由にSFを、SFなんてあまり知らないであろう中学生相手に書けるのだ。そして連載中の何か月間は、ちゃんと原稿料を得られるのである。頑張らなければならない。

編集部の、舞台はなるべく学園で、との注文を受けて、主人公の住まいは私が住んでいる団地にした。そこから五、六分で中学校があり、私の母校なのだ。これなら現実感も出るだろう。

タイトルは、「白い旋風」とした。ちょっと格好がいいだろうと思ったのだけれども、編集部からは、即座にダメが出た。

「そんな文芸的なの、子供は食いつきませんよ。具体的でわかり易いものにしましょう。具体的でわかり易いのに」

で……編集部がほとんど一方的につけたのが、「なぞの転校生」である。何というセンスのないタイトルだ、と、私は肩を落としたが、その頃の私はやはりたしかに、「文芸風指向」があったのだろう。今となってみれば「中二コース」では「なぞの転校生」が正しい。

実はこの作品、ありがたいことに好評で、この原稿を渡したら次回が最終回になるというときになって、編集部は延長・次学年持ち上がりを要請してきたのである。そんな……次でシノプシスの通り終わるのに、と抗議したが、編集部は譲らない。そうか、それならそれで、話をもう一段飛躍させてやれ、と、私は思い直し、終末が終末にならないやり方を考えたのである。たしか、三回延長であった。編集部の人が語ってくれたところによると、そこで人気がまた上がったのだそうだ。そんなわけで、「なぞの転校生」について、「小説作りという点では、少々破調ですね」と言ってくれる人もいるのは、致し方がないのである。

その後私は、何人ものSF作家がそうであったように、学習誌でSFジュブナイルを何本も書いた。「まぼろしのペンフレンド」とか「さすらいの終幕」とか「天才はつくられる」とか「現れて去るもの」とか……と、ノート横目にこうして並べていくと、ぞろぞろとつづく。自分でも随分いろいろ書いたなという気がするが、やはり、SFを新しい読み物として受けとめてくれた若い読者たちの熱気ともいうべきものがうれしくて、やめる気がしなかった、ということでもある。

が。

そうした様相が、一般世間とどうかかわってきていたか、となると、全くのマイナーだったのも事実であった。

あれはいつ頃のことだったろう。高校時代からの友人で、出版もしていた大阪の大書店にいた男が、何かよさそうな企画はないか、と、私に持ちかけてきた。私は、自分の作品を含めて学習誌に載せられたSFが、まだ一冊も本になっていないのを話し、やれるかどうかわからないが、他のSF作家も引き込むことができたら、シリーズで何冊も出せるのではないか、と言った。（学習誌といっても、学研と旺文社の中一から高三までを合わせると十二誌もあったのだ。その多くにSFが連載されていたのである）友人はあまり気乗りしない顔で聞いていたものの、数日後、やっぱりうちではようやらん、と返事してきたのであった。ま、その友人はとうに定年退職し、その書店も倒産したけれども……SFにとっては、まだまだそういう時代だったということであろう。

私の頭の中に漠然とあったそういうジュブナイルSFのシリーズは、やがて、私とは関係のないところで、刊行された。鶴書房盛光社のシリーズである。私の「なぞの転校生」も、おかげさまでその一冊に入れていただいた。しかしながらやっとそうして刊行されたこのシリーズにしても、販売部数は伸ばしていたようだが、そんなに大きな話題になったとはいえない。SFジュブナイルが若い人たちの評判を呼ぶようになったのは、やはりNHKの少年ドラマシリーズだろう。その原作が多いということで、鶴書房盛光社の本も有名になった、と私は思う。

私にとってのジュブナイルSF、となると、かように、いくらでも書けるのだが、もう紙数が尽きた。横に置いたノートも閉じるとしよう。私が書き始め途中でやめてしまったのを、妻がつづけてくれたが、妻もやがて中断した、そのノートなのである。

第23巻『超能力作戦』ラッセル／中尾明訳。初版 昭和44年。［絵］金森達。原作は『宇宙の監視』。「地球のすぐれた超能力者、デビッド＝レイブンは、大統領のひみつ命令をうけて、金星・火星連合の超能力部隊に、たったひとりで、たちむかうことになりました」（中尾明「読者のみなさんへ」より）

SF名作シリーズ（全28巻）
偕成社 昭和42〜47

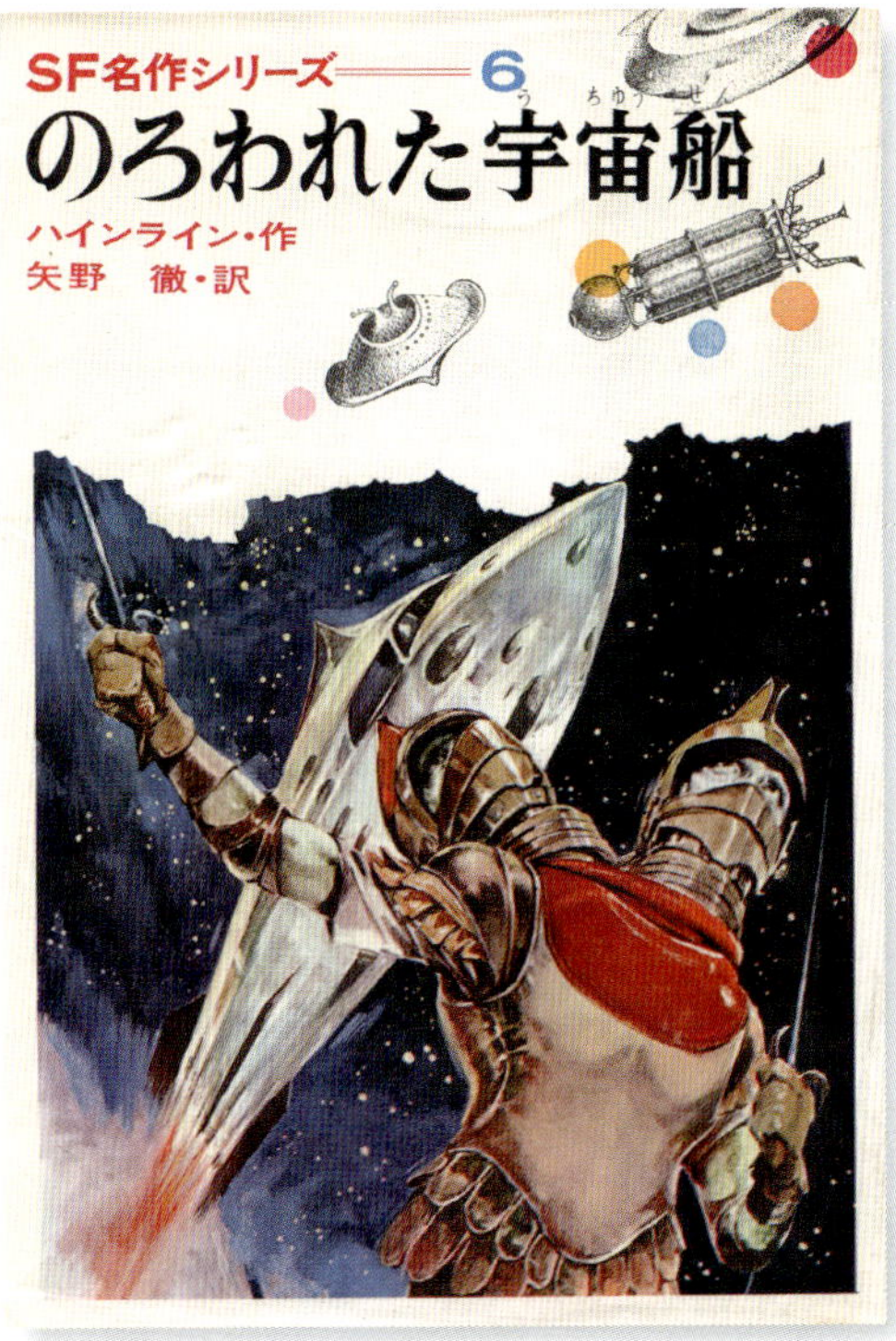

b　a

d　c

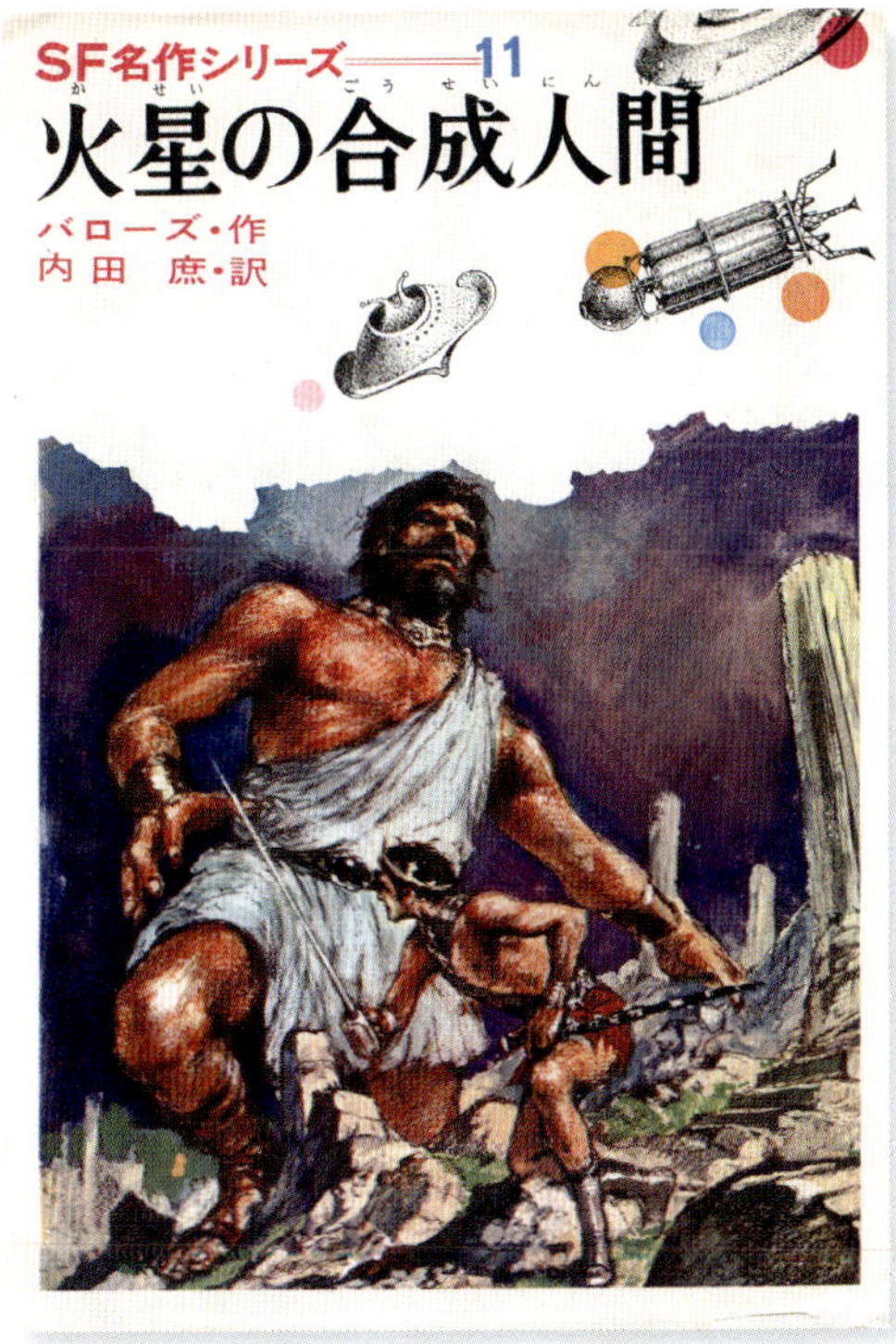

a　第5巻『宇宙怪獣ゾーン』バン＝ボクト／野田開作訳。重版　昭和44年。［絵］伊藤展安。原作は『宇宙船ビーグル号』。
b　第6巻『のろわれた宇宙船』ハインライン／矢野徹訳。重版　昭和44年。［絵］柳柊二。原作は『宇宙の孤児』。
c　第9巻『宇宙からのSOS』ラインスター／亀山竜樹訳。重版　昭和45年。［絵］沢田弘。
d　第11巻『火星の合成人間』バローズ／内田庶訳。重版　昭和44年。［絵］武部本一郎。

b

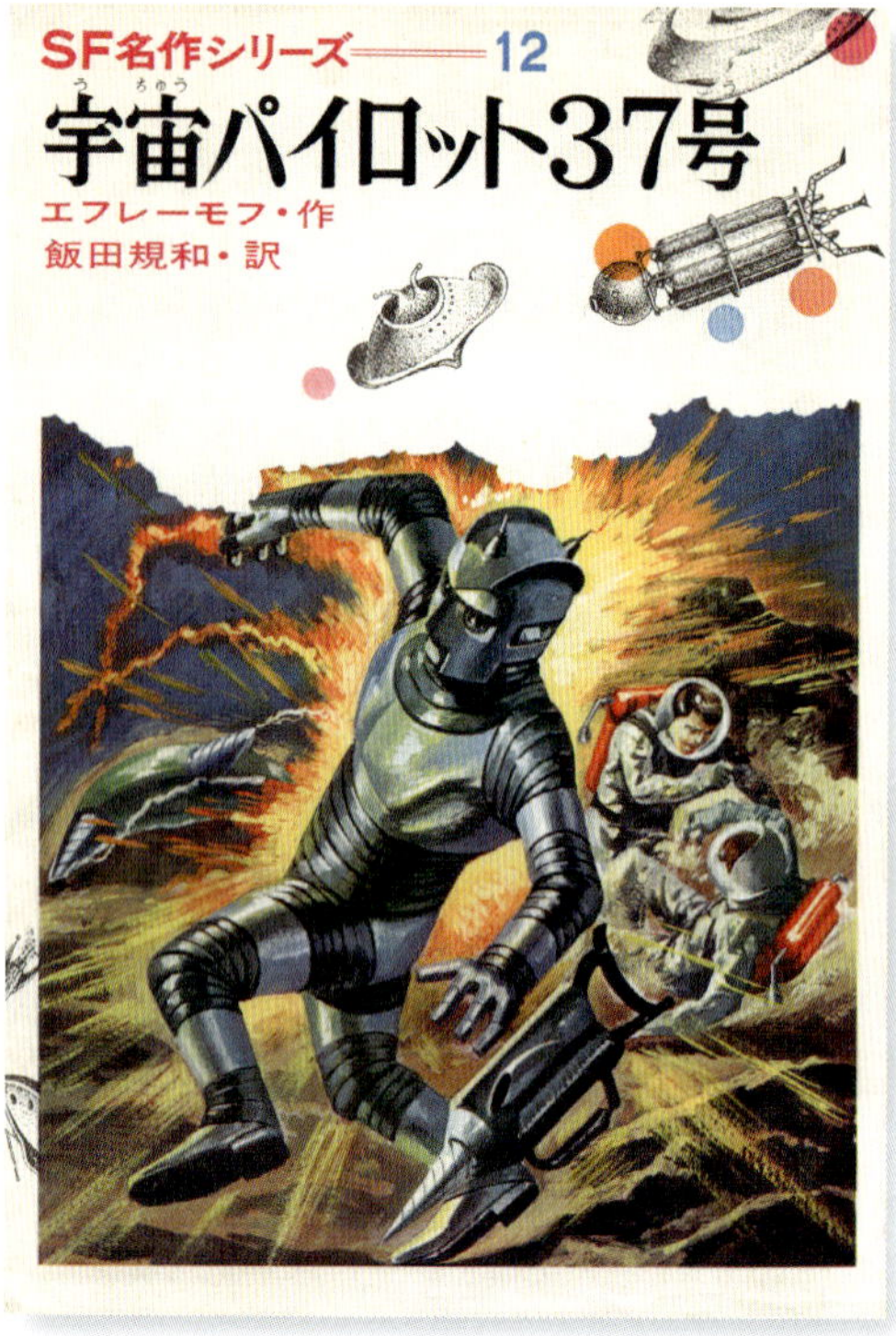

a

d

c

a　第12巻『宇宙パイロット37号』エフレーモフ／飯田規和訳。初版 昭和43年。［絵］伊藤展安。原作は『アンドロメダ星雲』。
b　第13巻『深海の宇宙怪獣』スタージョン／福島正実訳。重版 昭和44年。［絵］伊藤展安。SF映画『地球の危機』をテレビ化した『原子力潜水艦シービュー号』のノベライズ。
c　第15巻『火星のプリンセス』バローズ／野田開作訳。重版 昭和44年。［絵］武部本一郎。
d　第16巻『地球爆発』ワイリー／久米穣訳。重版 昭和46年。［絵］中村英夫。原作は『地球最後の日』。

スタート頃の巻の広告を見ると全一五巻とあるが、その後、全二〇巻、全二二巻と増えている。最初から特に全何巻とは決めてはいなかったのだろう。

広告には特色として「世界のSF名作のなかから特選」「定評ある訳者の読みやすい文章」とあるが、やはり挿絵が一番の魅力。金森達、柳柊二といったSFや児童書などで活躍する挿絵画家や、伊藤展安、中村英夫など少年雑誌等で迫力ある絵を描く画家が腕を競う。

「SFは、科学的空想をもとにしたおもしろい物語です。広大な宇宙、奇妙な星、宇宙人、ふしぎな時間の世界などを舞台に、さまざまな冒険がくりひろげられます。もうすぐ宇宙時代を迎えようとする皆さんが、いまこの種の名作に接することは、未来の世界へ目を開くとともに、他の読み物では得られない深い感動を与えられるでしょう」（科学評論家・日下実男「SFのすすめ」より）

第22巻『宇宙家族ロビンソン』アーナム&アーチャー共著／福島正実訳。重版 昭和46年。［絵］伊藤展安。同名のSFテレビドラマのノベライズ。

挿絵画家列伝 Illustrator's File 6

金森 達

かなもり・とおる

金森達は昭和七年一〇月二五日、大阪府に生まれた。

幼少期は虚弱体質で、外で遊べず家で過ごすことが多かった。そんな時は〈講談社の絵本〉を手本に、兵隊や軍艦や戦闘機の絵を描いた。

昭和二四年、広島県立土生高等学校へ入学。陸上競技の投てき選手としてインターハイにも出場した。昭和二七年、卒業。企業スポーツ選手として帝国人造絹糸に勤める。だが、スポーツでは芽が出ず、ポスター描きや看板描きに重宝がられた。チョークやろう石で絵を描いて過ごした子供時代が甦り、絵描きになりたいと思い、昭和二九年、金沢美術工芸大学陶磁科へ入学。

昭和三一年、大学を中退。上京する。印刷会社、製版会社、デザイン会社などに勤めながら絵を描いていた。

昭和三六年、《エラリイ・クイーンズ・ミステリ・マガジン》のカットを手掛け、以後、出版関係のイラストの仕事を始める。《SFマガジン》にも描くようになり表紙も手掛けた。

昭和四〇年、《ボーイズライフ》で「SF事典」のカットを担当。そこから仕事が拡がった。《少年マガジン》《少年サンデー》《少年キング》などからも依頼された。

その後、ジュヴナイルSFでは、〈SF名作シリーズ〉『宇宙アトム戦争』『宇宙FBI』『宇宙スパイ戦』『地球さいごの都市』『超能力作戦』『暗黒星の恐怖』を手掛ける。

その『超能力作戦』（58頁）を見ると、この頃の金森の絵は後にSF文庫で見せるようなタッチではなく、まだ絵に幼さを感じる。

昭和四四年、テレビドラマ『宇宙大作戦』が放送開始。〈ジュニア版・世界のSF〉『宇宙大作戦』（75頁）を描き、これが金森が描いた『宇宙大作戦』の最初となった。同年、〈ハヤカワ・SF・シリーズ〉『宇宙大作戦』のカバーを担当。昭和四六年からは、〈ハヤカワ文庫SF〉の〈宇宙大作戦〉シリーズのカバーと挿絵を担当するようになる。

また、金森の魅力のひとつに〈ジュニア版・世界のSF〉『ヨン博士の航星日記』（76頁）のようなユーモラスな絵もある。

世界のこどもエスエフ（全16巻）

偕成社　昭和43〜45

b

a

d

c

a　第1巻『ラスティと宇宙怪ぶつ』ランプマン／亀山竜樹訳。初版 昭和43年。［函絵］池田竜雄。アメリカの児童SF。
b　第2巻『魔ほうのボール』バイミラー／久米穣訳。初版 昭和43年。［函絵］鈴木義治。アメリカの児童SF。
c　第3巻『ジップと空とぶ円ばん』スチーラー／那須辰造訳。初版 昭和43年。［函絵］倉石隆一。アメリカの児童SF。
d　第15巻『電子人間のきゅうか』セナック／榊原晃三訳。初版 昭和45年。［函絵］友永節子。フランスの児童SF。

世界の児童向けSFが集められている。「幼年期にSFを、科学心と勇気を培う新鮮な読物」がキャッチフレーズ。

少年少女21世紀のSF（全10巻）

金の星社　昭和43〜44

a

b

c

d

a　第1巻『チタンの幽霊人』瀬川昌男。重版 昭和46年。［函絵］画家記載なし。「宇宙は呼んでいる」と《毎日中学生新聞》連載の「チタンの夜あけ」をベースにまとめたもの。なお、このシリーズは函表にタイトルがない。

b　第3巻『ソレマンの空間艇』石川英輔。初版 昭和44年。［函絵］画家記載なし。《子供の科学》連載の「大地底」を単行本化。

c　第4巻『超人間プラスX』小隅黎。重版 昭和47年。［函絵］画家記載なし。

d　第8巻『月ジェット作戦』小隅黎。重版 昭和47年。［函絵］中山正美。

「正しい科学の認識と豊かな想像力が融合したSF的思考――それは未来につながる生き方の〝指針〟です。独創的な挿絵と共に話題よぶ創作!!」(広告より)

SF

創作子どもSF全集（全20巻）
国土社　昭和44～46

第6巻『消えた五人の小学生』大石真。第3刷 昭和47年。［函絵］山藤章二。
「わたしがこの作品を書く動機となったのは、子どもの自転車に、ある日、とつぜん、羽根がはえて、空を飛んでゆくという空想でした。これは、わたしが自転車をテーマにした童話を書いていたとき、ふとあたまにうかんだアイディアでした」（「あとがき」より）

b

a

c

日本人作家のみのラインナップ。しかも、矢野徹、豊田有恒、福島正実、光瀬龍といったSF作家と、佐野美津男、谷真介、香山美子などの児童文学作家が参加し、さらに瀬川昌男、今日泊亜蘭らも加わるという異色の組み合わせとなっている。カラーの挿絵も入り、豪華な装本が魅力的だ。第一期一〇巻、第二期一〇巻の合計二〇巻で完結。キャッチフレーズは「なぞにみちた宇宙時代の、夢あふれる冒険の物語」。

初版は函入で刊行。その後、背のデザインが変更され、函なしのハードカバーになって再刊された。

佐野美津男や小沢正の子供向けとは思えない衝撃的な物語がトラウマになっているという読者も多く、熱心なリクエストを受けて平成一八年にハードカバー版を底本として復刻された（発行・国土社／発売・ブッキング）。しかし、カバーが付いていないのが残念。

a 第7巻『少年エスパー戦隊』豊田有恒。復刻版 平成18年。［表紙絵］藤沢友一。
b 第10巻『おかしの男』杉山径一。復刻版 平成18年。［表紙絵］小林与志。
c 第16巻『ぼくのまっかな丸木舟』久保村恵。復刻版 平成18年。［表紙絵］中村宏。

b

a

星新一の『黒い光』とジュヴナイルSF

星新一は、柴野拓美が主宰するSF同人誌《宇宙塵》第二号に発表した「セキストラ」で注目され、それが昭和三二年、《宝石》に転載されて商業誌デビューとなった。その後、あの名作「ボッコちゃん」を発表。そこからショートショート作家の道を歩み出し、昭和三六年に「ボッコちゃん」を含む初の短編集『人造美人』を刊行。絶大な支持を得て人気SF作家となっていく。

今では〝ショートショートの神様〟と称され、大人向けのショートショートしか手掛けていないように思われている星だが、意外とジュヴナイルSFも少なくない。

そのひとつが「黒い光」で、これは商業誌デビューの翌年、昭和三三年に子供向け雑誌《科学の教室》に連載した作品。その頃はデビューしたといっても発表の場はまだ《宇宙塵》しかなく、出来が良ければそれが《宝石》に転載されたり、たまに《宝石》から依頼が来るといった状況。そんな、まだ無名といっていい星に、ほぼ半年という短い期間ではあるが子供向けの雑誌が連載を依頼したというのは（その経緯はわからないが）特筆に値するのではないだろうか。

「東京のあちこちで、ふしぎとしか言いようのない事件がおこりはじめていた」と「黒い光」ははじまる。事件といってもポケットの中のサイフがなくなったとか、カバンがなくなったとか、そんな些細なもので、事件というほどでもなく軽く片付けられた。だから警察に届ける人も少なかったし、新聞も取り上げることはなかった。しかし、共通していたのは誰かが近づく足音がした瞬間、周りが真っ暗になり、足音が通り抜けると再び明るくなるということ。その時にはサイフやカバンがなくなっているのだ。謎の事件の犯人は？　そして黒い光とは？　ミステリータッチのSFである。

初期のジュヴナイルSFの一部を並べてみる。

昭和三三年、「黒い光」《科学の教室》四月～八月。昭和三六年、「歓迎ぜめ」《中学

a　秋田書店〈ジュニア版 SF名作シリーズ〉『黒い光』星新一。初版 昭和41年。［函絵］斉藤寿夫。
b　私家版『花とひみつ』星新一。初版 昭和39年。［表紙絵］和田誠。和田誠が星に「自費出版の絵本のためにショートショートを書いて欲しい」と依頼して実現したもの。限定400部。

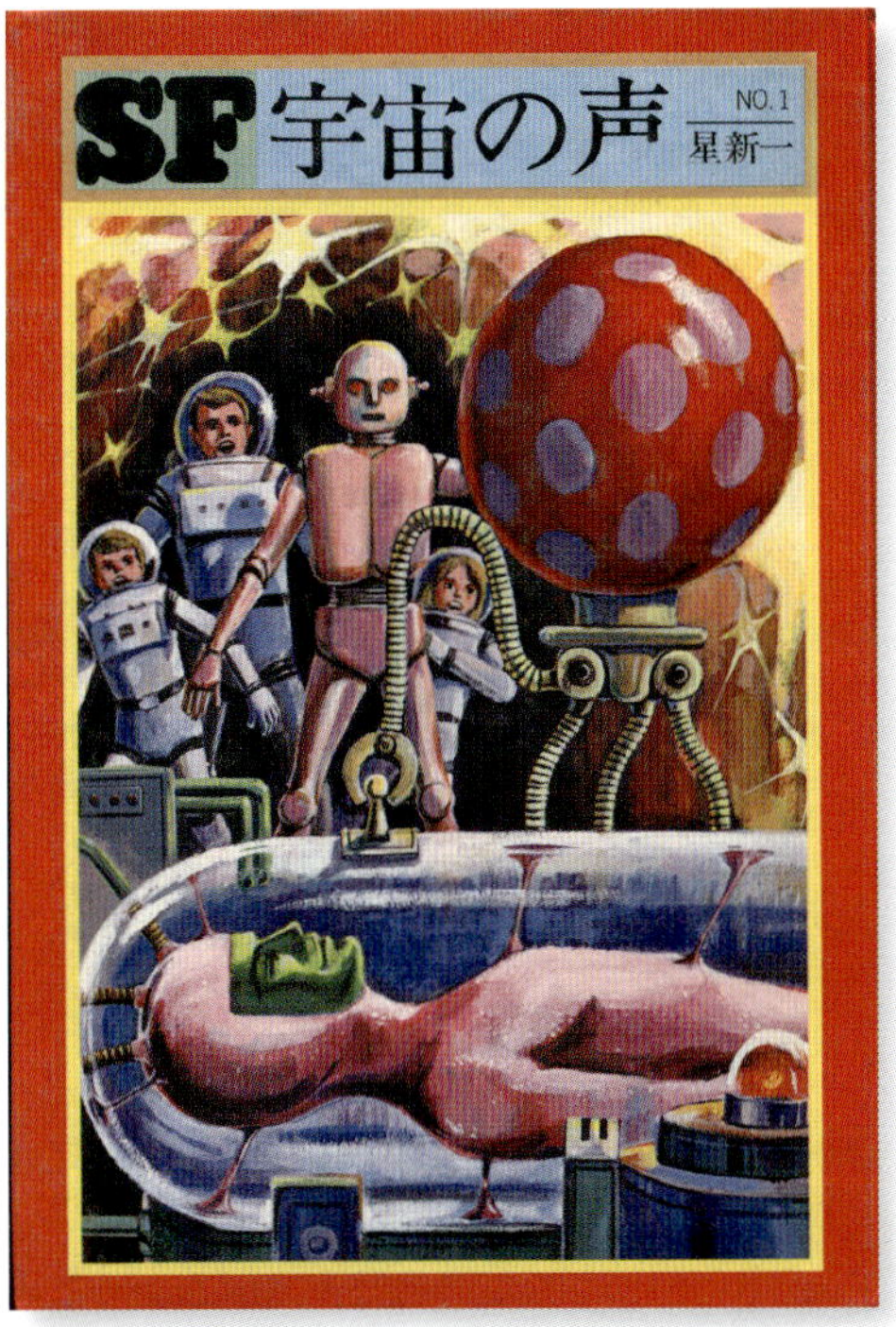

c

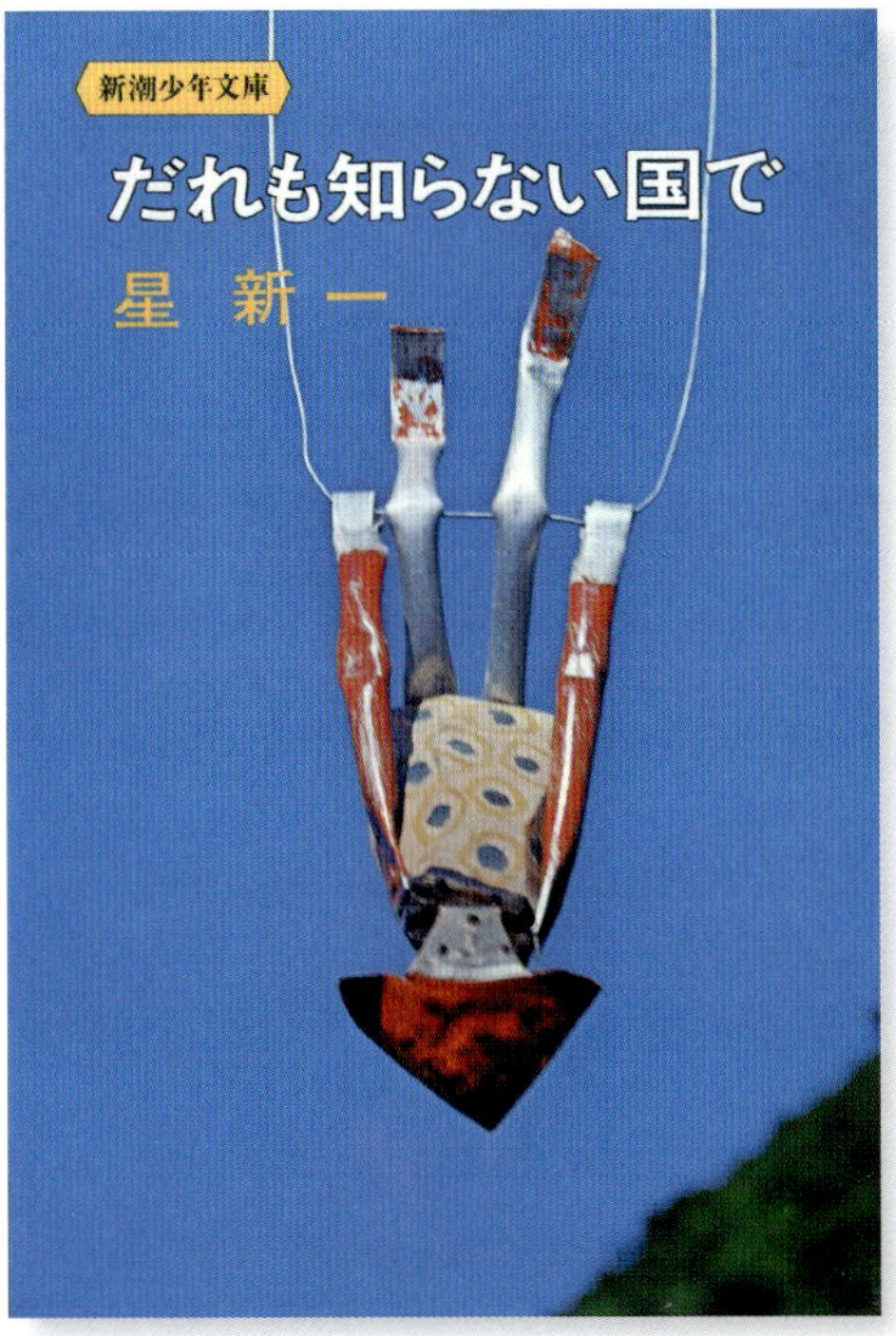

d

生の友二年》六月号。「神意」(ピーパー星のさわぎ)《高校時代》七月号。「なぞの星座」(謎の星座)《こども家の光》十月号〜六二年九月号。昭和三七年、「なぞの宇宙船」(謎の宇宙船)《六年の学習　臨時増刊》四月号。「ふしぎな夢」《中学時代三年生》夏季臨時増刊号。「月の裏側基地第1号」《中学生の友『高校進学』》七月号。昭和三九年、「凍った時間」《高二コース》十月号。

多いのは《中学生の友》《高校時代》といった学習雑誌で、大人よりも早く星のSFに興味を持ったのは子供たちだったのだ。

これら八作品を収録した『黒い光』は昭和四一年に刊行された。ちなみに《ジュニア版　SF名作シリーズ》と銘打たれているが、シリーズとしてはこの一冊しか刊行されていない。

星は「この本は、私がいままでに十代の人たちむけのいろいろな雑誌に書いたSFを集めたものです。未来の話や宇宙の話、もっと空想的なおとぎ話のような作品などがまじっています」(「あとがき」)と書いている。たしかに十代とはいうが《六年の学習　臨時増刊》から《高二コース》まで、その対象年齢にはかなりの幅がある。星はまとめる時に一部を書き直し、その差を少なくなるように努めたという。

「考えてみると、科学の進歩は驚くべき早さです。この本のなかの「月の裏側基地第1号」は、二年ばかり前に書いた作品です。そのころは、月の基地などはまだ当分さきのことと思っていましたが、現在ではいまにも実現しそうなようすです。月に人類が進出した時、このような事件が起こるかどうか、私は胸をときめかせて待っています」

星のショートショートの特徴は時事風俗や固有名詞を避けることにある。自分の作品が古びることを恐れたという。しかし、星は自分の描いた世界をいい意味で覆す現実に期待していたのではないだろうか。

「時の流れは私たちを、あっというまに未来へと運んでしまいます。私たちは、きのうの夢をきょうの現実とし、きょうの現実の上にあすへの夢を育てつづけなければなりません。それによって、人類は限りなく進んでゆくのです」

ジュヴナイルSFだけに見せた星の本音のように思える。

(大橋博之)

c　毎日新聞社〈毎日新聞SFシリーズ〉第1巻『宇宙の声』星新一。初版 昭和44年。[表紙絵] 早川博唯。
d　新潮社〈新潮少年文庫〉第1巻『だれも知らない国で』星新一。初版 昭和46年。[函絵] 玩具・香月泰男／写真・小林広。シリーズには他に、三浦哲郎『ユタとふしぎな仲間たち』、新田次郎『つぶやき岩の秘密』などがある。

a

b

小松左京の『空中都市008』とジュヴナイルSF

正式なタイトルは『空中都市００８　アオゾラ市のものがたり』。物語の舞台は二十一世紀。タイトルの〝００８〟は二十一世紀には国際電話が自動通話になって日本の地域番号が００８になっているだろうということから名付けられた（実際には００８１）。

「二十一世紀というのは、きみたちが、ちょうどきみたちのおとうさんやおかあさんくらいの大きさになったころ——もうちょっと年をとっているかな——とにかく、そんなころのお話です」（「はじめに」）

そのころの世界は、きっとすばらしいものになっているはず。

「町はきれいになり、すばらしいビルがたち、町を歩いても自動車にひかれることもなく、工場のけむりや、排気ガスで、窓がよごれるようなこともなく、大きな町の空は、いつもあおあおとすみわたっているでしょう」そして、「世界じゅう、どこへでも、すごく速い、大きなジェット機で三時間ぐらいでとんでいけます。もちろん、月へもいけます。ちょっとお金がかかると思いますがね。それから——世界じゅうで戦争はなくなり、病気もほとんどすぐになおるようになり、まずしい人たちもなくなっているでしょう」（「はじめに」）

二十一世紀だというのに残念ながらまだそんな世界は実現されてはいない。

初出はサンケイ新聞出版局発行の教育雑誌《日本PTA》。「こどものためのSF童話　アオゾラ市のものがたり」として連載したものの単行本化だ。

そもそものアイディアはアメリカの児童文学『ゆかいなホーマーくん』にヒントを得たのだという。未来の生活を普通の子供たちの日常感覚の中で展開させる。あくまで生活をテーマとしたSF小説を書こうと考えた。当時、未来を書いた小説はいろいろあったが、どれも生活感のないものばかりだったからだ。また、自分の子供にお話

a　講談社『空中都市008』小松左京。第24刷　昭和44年。［函絵］和田誠。《日本PTA》での連載でも挿絵は和田誠が担当。
b　毎日新聞社〈毎日新聞SFシリーズ〉第16巻『宇宙漂流』小松左京。初版　昭和45年。［表紙絵］早川博唯。

d

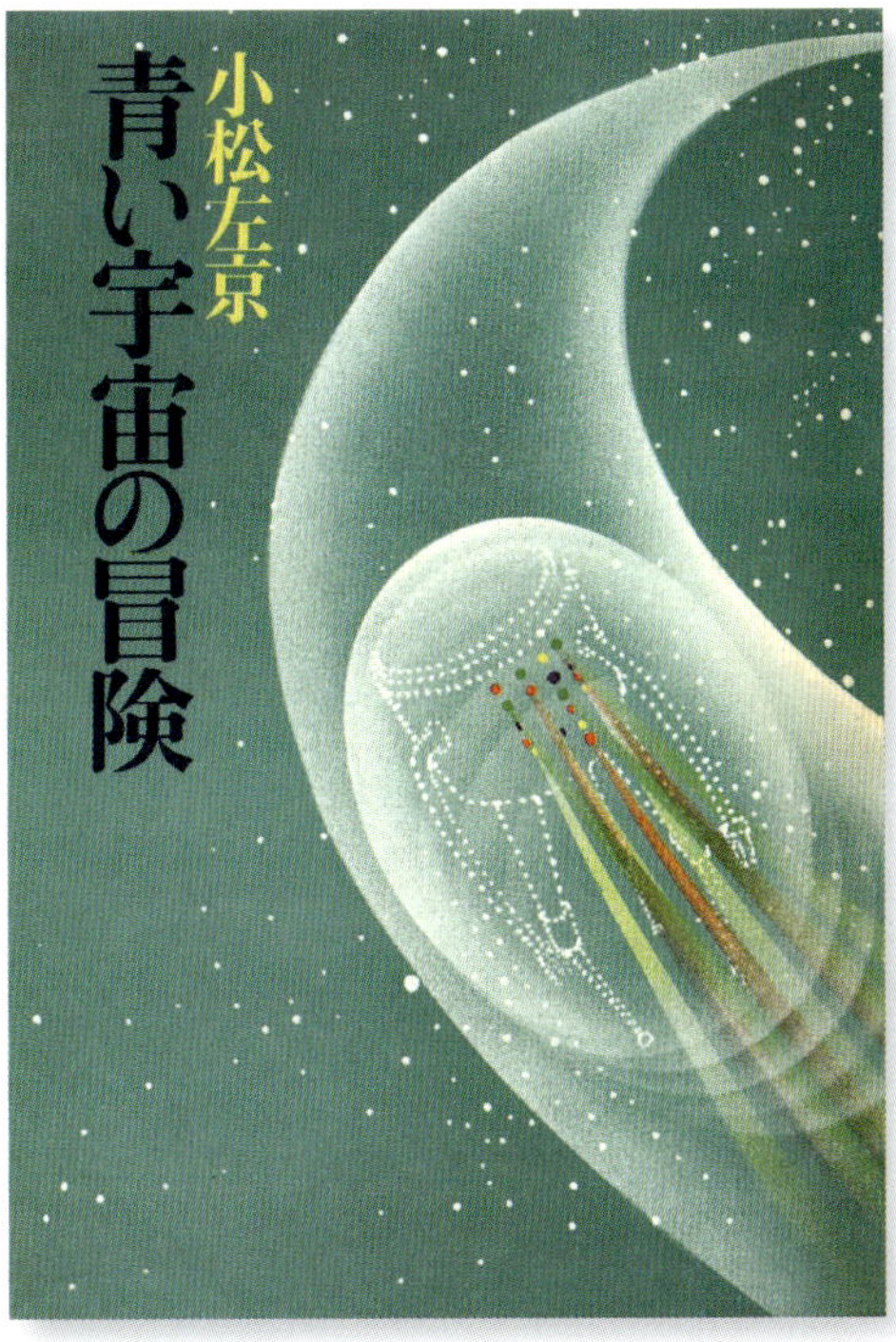

c

を聞かせて昼寝をさせていた経験から、読んで聞かせることができるようにと朗読型にしようと思った。未来とか地球、宇宙の前には大人も子供もない。小さい子だって未来の大人になる。「きみたちが、ちょうどきみたちのおとうさんやおかあさんくらいの大きさになったころ」を意識して本気で取り組んだと小松は語っている。

ホシオ、ツキコの一家は空中都市００８に引っ越すことになった。着いた空中都市００８はビックリすることだらけ。動く歩道や電気自動車で移動し、地下は人工光線が照らし花も咲いている。学校の工作はロボットの制作。しかもそのロボットは動き、しゃべり、いいつけを間違いなくやるロボットだ。

物語は単なる空想ではなく、実現可能とされているテクノロジーをベースにしており、その解説もちりばめられている。子供向けとはいえ小松らしい作品となっている。

この『空中都市００８』のタイトルは、ＮＨＫで放映された「ひょっこりひょうたん島」の後番組のＳＦ人形劇としてテレビ化される際に付けられた。ＮＨＫから「もう少し未来っぽい題はありませんか?」と言われて命名したらしい。

テレビ放映は昭和四四年四月七日から四五年四月三日まで。月曜から金曜の五話で一つのストーリーが完結するというもの。全二三〇回と一九七〇年一月一日放送の特番スペシャル「北極圏ＳＯＳ」の一本がある（ビデオで撮影されていた本編は残っていないが「北極圏ＳＯＳ」のみフィルム撮影で制作されたため現存する）。

『空中都市００８』は小松が思い描いた理想の都市の姿だった。しかし、理想と現実にギャップがあることもわかっていた。

「もしきみたちがおとなになっても、まだそんな世界ができていなかったら――きみたちでつくってください。そのとき、おなかん中で、

（ちぇっ、むかしのおとなって、だらしなかったんだあ。）

と思ってもかまいません。今のおとなたちも、おとなになったきみたちに、そう思われないように、いっしょうけんめいがんばってはいるんだけど――さあ、二十一世紀にまにあうかしら」

二十世紀に描いた夢は二十一世紀には実現するだろうか? それとも二十二世紀の子供たちに託すしかないのだろうか。

（大橋博之）

c 筑摩書房〈ちくま少年文学館〉第2巻『青い宇宙の冒険』小松左京。初版 昭和47年。［函絵］北山泰斗。同シリーズには他に、辻邦生『ユリアと魔法の都』、天沢退二郎『光車よ、まわれ！』がある。
d 鶴書房〈SFベストセラーズ〉『見えないものの影』小松左京。第15刷 昭和51年。［絵］赤坂三好。

『北北東を警戒せよ』 光瀬龍。初版 昭和44年。［函絵］中山正美。〈地球壊滅ヤング〉。
「突然、日本各地で原因不明の落盤事故が相次ぎ、北上山地の鍾乳洞の奥深い地底では、不思議な生物群が目撃された。——宇宙人の侵入による地球壊滅の危機と、それに立ちむかう炭鉱の少年、守の活躍を描く、本格SF!!」（広告より）

a 『透明少年』加納一朗。第2刷 昭和44年。［函絵］祐天寺三郎。〈ユーモアヤング〉。
b 『地底怪生物マントラ』福島正実。初版 昭和44年。［函絵］南村喬之。〈地球SOSヤング〉。
c 『月世界大戦争』宮崎惇。初版 昭和44年。［函絵］小松崎茂。〈宇宙怪奇ヤング〉。
d 『ブンとフン』井上ひさし。初版 昭和45年。［函絵］杉井ギサブロー。〈1億ゲバヤング〉。ラジオドラマのノベライズ。

b

a

d

c

a 『暁はただ銀色』光瀬龍。初版 昭和45年。［函絵］武部本一郎。〈SFロマンヤング〉。
b 『パルにまかせろ』加納一朗。初版 昭和45年。［絵］白吉辰三。〈ユーモアヤング〉。
c 『超革命的中学生集団』平井和正。初版 昭和46年。［絵］永井豪。〈ハチャハチャSF〉。
d 『SOS タイム・パトロール』光瀬龍。初版 昭和47年。［絵］武部本一郎。〈SFヤング〉。

辻真先や神保史郎、井上ひさしといったシナリオライターに、宮崎惇、光瀬龍、矢野徹、福島正実らのSF作家、そして、相良俊輔（関耕太）、梶原一騎などのマンガ雑誌で活躍していた作家によって構成。初出はマンガ雑誌や学習雑誌に連載されたものが大半を占める。テレビとマンガ世代を読者とした新感覚のシリーズ。SFに限らず、ユーモアからミステリーまでバラエティー豊かなラインナップが特徴で、全巻、○○ヤングというキャッチコピーが付く（「ハチャハチャSF」の『超革命的中学生集団』は除く）。キャッチフレーズの「若いから、グッとくる！　痛快に読もうヤングシリーズ!!」にも時代を感じる。

当初は函入で刊行され、途中からカバー装となった。また、初版でも再出荷時にカバー装になったものもある。

昭和四八年に一〇冊がセレクトされ〈少年少女傑作小説〉として刊行された。SFには『夕焼けの少年』と『暁はただ銀色』がある。

〈少年少女傑作小説〉第9巻『夕焼けの少年』加納一朗。改訂初版 昭和48年。［絵］岩田浩昌。

挿絵画家列伝 Illustrator's File 7

中山正美

なかやま・まさみ

中山正美は大正三年七月五日、宮崎県に生まれた。

父と母を小さい頃に亡くし、叔父、叔母に育てられた。幼い頃から絵は好きだったという。

絵描きになりたくて、勘当同様で上京。川端絵画研究所で洋画を学んだ。

この頃、漫画映画の制作に関わっている。昭和二三年に設立された日本動画に勤め、『トラちゃんのカンカン虫』の美術などを担当した。後から入社してきたアニメーター・森康二と出会い、生涯、交流を持った。

昭和二五年、日本動画は経営が苦しくなり、役員を残して社員は全員解雇。そのため中山は出版美術を手掛けるようになる。

中山が手掛けたジュヴナイルSFシリーズは多い。〈少年少女21世紀のSF〉『月ジェット作戦』（63頁）、〈サンヤングシリーズ〉『北北東を警戒せよ』（70頁）、〈ジュニア版・世界のSF〉『2660年のロマンス』、〈少年少女SFアポロシリーズ〉『月こそわが故郷』（79頁）『月のピラミッド』、〈SF少年文庫〉『太陽系の侵入者』『大氷河の生存者』『宇宙の漂流者』、〈少年少女世界SF文学全集〉『不死販売株式会社』（91頁）、〈SFベストセラーズ〉『リュイテン太陽』『明日への追跡』（99頁）『異次元失踪』（100頁）、〈SFバックス〉『異次元失踪』（104頁）『明日への追跡』（104頁）、〈SFベストセラーズ〉『失われた世界』『ヤンキーの夢の冒険』（107頁）、〈少年少女21世紀のSF〉『月ジェット作戦』、〈SF傑作短編集〉『秘密指令月光を消せ』『超能力ゲーム』（117頁）『君は幽霊を見たか』『おれの名はスパイ』、〈SFロマン文庫〉『太陽系の侵入者』（123頁）『大氷河の生存者』『宇宙の漂流者』などがある。

大人向けのSFでは福島正実や光瀬龍の作品が多い。しかし大人向けでも子供向けでも中山の描き方はあまり変わらない。常に子供が描いたようなラフなタッチが特徴だ。色彩も明るく淡い。しかし、ラフであっても、その絵はデッサンの確かさや、資料を集めて調べ、その上で描く考証の上に成立っているのである。

昭和五四年一一月二日、逝去。享年六五歳。

第6巻『タイタンの妖怪』ハインライン／中尾明訳。初版 昭和44年。［函絵］柳柊二。
原作は『人形つかい』。「タイタンの妖怪」と「月の長い長い一日」を収録。「人類の脳を支配し、地球征服をくわだてるタイタンの妖怪と大死闘を展開する秘密工作員の活躍！」（広告より）

ジュニア版・世界のSF（全20巻）
集英社　昭和44～45

b

a

d

c

a　第1巻『宇宙大作戦』ブリッシュ／北川幸比古訳。第2刷 昭和45年。［函絵］金森達。テレビドラマ放映にあわせて刊行。6編収録。「宇宙の平和と秩序を守るため、暗黒の宇宙にとびたったエンタープライズ号の死闘をきわめた戦い」（広告より）

b　第7巻『火星人襲来』ウエルズ／白木茂訳。初版 昭和44年。［函絵］山野辺進。原作は『宇宙戦争』。「海底のふしぎな都」を併録。「とつじょ、地球上にあらわれた火星人の一団。おそるべき科学力のまえに人類の危機はせまる！」（広告より）

c　第8巻『アンドロメダ星雲』エフレーモフ／杉野喬訳。初版 昭和44年。［函絵］南村喬之。「知的生物をもとめ、無数の星ひしめく宇宙にとびたつ未来の人類を壮大なスケールで描くSF巨編」（広告より）

d　第9巻『宇宙の群島』クラーク／福島正実訳。初版 昭和44年。［函絵］梶田達二。「大きな夢をいだき、驚くべき科学力を結集した宇宙ステーションにむかうロイ少年の冒険物語！」（広告より）

b

a

d

c

a　第10巻『宇宙船ビーグル号の航海』ボークト／久米みのる訳。初版 昭和44年。［函絵］武部本一郎。「人間怪獣ボルグ」を併録。「人類の科学力とつぎつぎとおそいかかる怪物たちの超能力が、大宇宙をバックに、花火を散らす!」（広告より）

b　第13巻『火星のプリンセス』バロウズ／内田庶訳。初版 昭和45年。［函絵］岩淵慶造。「火星の黒色人」を併録。「戦乱うずまく火星にのりこんだ地球人カーターにおそいかかる怪奇な緑色人。恋と冒険のSF活劇」（広告より）

c　第14巻『海底の古代帝国』ドイル／亀山竜樹訳。初版 昭和45年。［函絵］斉藤寿夫。原作は『マラコット深海』。「突然、消息をたった海洋調査船の乗組員は、おそろしくも怪奇な海底冒険にまきこまれていった!」（広告より）

d　第15巻『ヨン博士の航星日記』レム／袋一平訳。初版 昭和45年。［函絵］金森達。「きみは生きているか」を併録。「星間旅行家、太平ヨン博士の痛快無比の宇宙冒険物語のかずかずをあつめたユーモアSF大傑作!」（広告より）

挿絵画家列伝 Illustrator's File 8

柳 柊二

やなぎ・しゅうじ

柳柊二は昭和二年一二月一九日、茨城県に生まれた。本名・柳橋風有草（やなぎばし・かざうぐさ）。

帝国美術学校造型美術学園（現在の武蔵野美術大学）に入学するが、中退。昭和二三年には洋画を志し油絵を描いていた。しかし、絵では生活ができない。そのため似顔絵を描くようになった。

その頃、挿絵画家たちから「挿絵を描けば定収入になる」と勧められ、サンプルで描いた絵をもって出版社を訪ねた。だが、なかなか採用してもらえなかった。

双葉社の雑誌が挿絵画家としてのデビューになった（雑誌名、作品名は不明）。やがて大衆小説雑誌から仕事が来るようになった。

本名では誰にも覚えてもらえない。それでペンネームを柳柊二とした。

ある日、少年画報社の編集者が訪ねて来てイラストを依頼した。それが漫画雑誌の口絵や読み物の挿絵を描く切っ掛けとなった。初めて描いたのは「吸血鬼ドラキュラ」（雑誌名、作品名は不明）。リアルなタッチが評判を呼び、たちまち依頼が殺到する人気挿絵画家となる。

エドガー・R・バロウズ〈地底世界シリーズ〉やロバート・E・ハワード〈コナン・シリーズ〉などが代表作。

手掛けたジュヴナイルSFは〈SF名作シリーズ〉『のろわれた宇宙船』（59頁）『消えた四次元の輪』、〈ジュニア版・世界のSF〉『タイタンの妖怪』（74頁）、〈SF少年文庫〉『第四惑星の反乱』（87頁）『百万の太陽』（88頁）、〈SFバックス〉『ねじれた町』（104頁）、〈SFベストセラーズ〉『火星のまぼろし兵団』、〈SFロマン文庫〉『第四惑星の反乱』『百万の太陽』など。

柳の絵はひとことで言えば〝怖い〟。妖怪ものやスリラーものも多く手掛けており、その分野で存在感を発揮した。作風はクールで色彩も薄い色を好んで使う。そうしたことからも怖さが強調される。しかし、デッサン力には定評があり、人物をリアルに描く。ウソのない力溢れる肉体を描くことが出来る挿絵画家のひとりである。

平成一五年二月一九日、逝去。享年七五歳。

タイトルの字体も洒落た感じのデザインで、堅牢な函入の豪華な雰囲気のあるシリーズ。

「最高の訳者が、原作を尊重しながら、ジュニア向けにリライト」と広告にあるように、大人向きのSFを子ども向きに翻訳したものを収録。『宇宙大作戦』『なぞの宇宙物体X』『火星のプリンセス』『ヨン博士の航星日記』などが並ぶ。また、「収録作家20名の代表作・編ずつを厳選。さらに一冊で二倍の面白さをだすために、短編も収録」と、凝った編集がなされている。さらに、「正しい科学にもとづいて、空想の世界を語る約40ページにおよぶ科学読物を収録」と、小説以外のものも充実しているのが魅力。

キャッチフレーズは「古典から現代にいたるSFの名作をすべて網羅した画期的全集！」。

第16巻『金星探検』ベリャーエフ／飯田規和訳。初版昭和45年。［函絵］伊藤展安。原作は『無への跳躍』。「ひらけ、ゴマ！」を併録。「地球におきた大革命をのがれ、金星にたどりついたひなん民。が、そこは無気味な世界であった！」（広告より）

少年少女SFアポロシリーズ（全8巻）

岩崎書店　昭和44～45

第4巻『月は地獄だ！』キャンベル／矢野徹訳。初版 昭和44年。［絵］金森達。

金森達の絵は、〈SF名作シリーズ〉の頃から見るとわずか2年たらずでタッチが大きく変わっていることがよくわかる。

シリーズ名のアポロは、アメリカ航空宇宙局（NASA）のアポロ計画とアポロ11号のこと。「アポロ宇宙船が、ついに、月に人間を運んだ！じつにかがやかしい人類発展の歴史の一ページである。このSFアポロシリーズは、そうした歴史的な事件を記念して、企画されたシリーズだ。月にあこがれ、月を想像し、月をめざしてすすむことを考えたSF作家たちの、すぐれた作品をあつめたものだ。読者は、このシリーズをよむことで、月と、それから宇宙へ、はてしない空想をくりひろげることができるだろう。日本ではもちろん、世界でもはじめてのめずらしいシリーズである」（福島正実「刊行によせて」）

アポロ11号によって人類が初めて月面に降り立ったのは昭和四四年（一九六九）七月二〇日。その年の末から刊行が開始された。全八巻中、七巻が翻訳物で、残り一巻はシリーズを企画した福島の『月こそわが故郷』を収録している。

a 第1巻『月世界へ行く』J・ヴェルヌ／塩谷太郎訳。初版 昭和44年。［絵］武部本一郎。
b 第3巻『地球をとびだす』ツィオルコフスキー／飯田規和訳。初版 昭和45年。［絵］伊藤展安。
c 第7巻『月こそわが故郷』福島正実。初版 昭和45年。［絵］中山正美。

第3巻『怪物ジオラ』香山滋。初版 昭和45年。［表紙絵］早川博唯。
「相つぐ原水爆実験に、地球は、陸も、海も、空もくるいはじめてきた。そうしたある夏、突然、おそろしい怪物が東京に現われた。その名はジオラ——勇敢に戦いをいどむ少年イサオと少女ミドリの活躍は、はたして……」（広告より）

〈毎日新聞 SFシリーズ ジュニアー版〉とも表記される。手塚治虫の小説『蟻人境』という珍しい巻も。元々はカバーはなく、カバーは後で付けられた。「子どもと文学の出逢いは、いまや「SF小説から」だと思います。複雑多岐にわたる現代の中に生まれ育つ子どもたちは、SF世界の申し子です」と教育評論家・阿部進がコメントを寄せている。

b

a

d

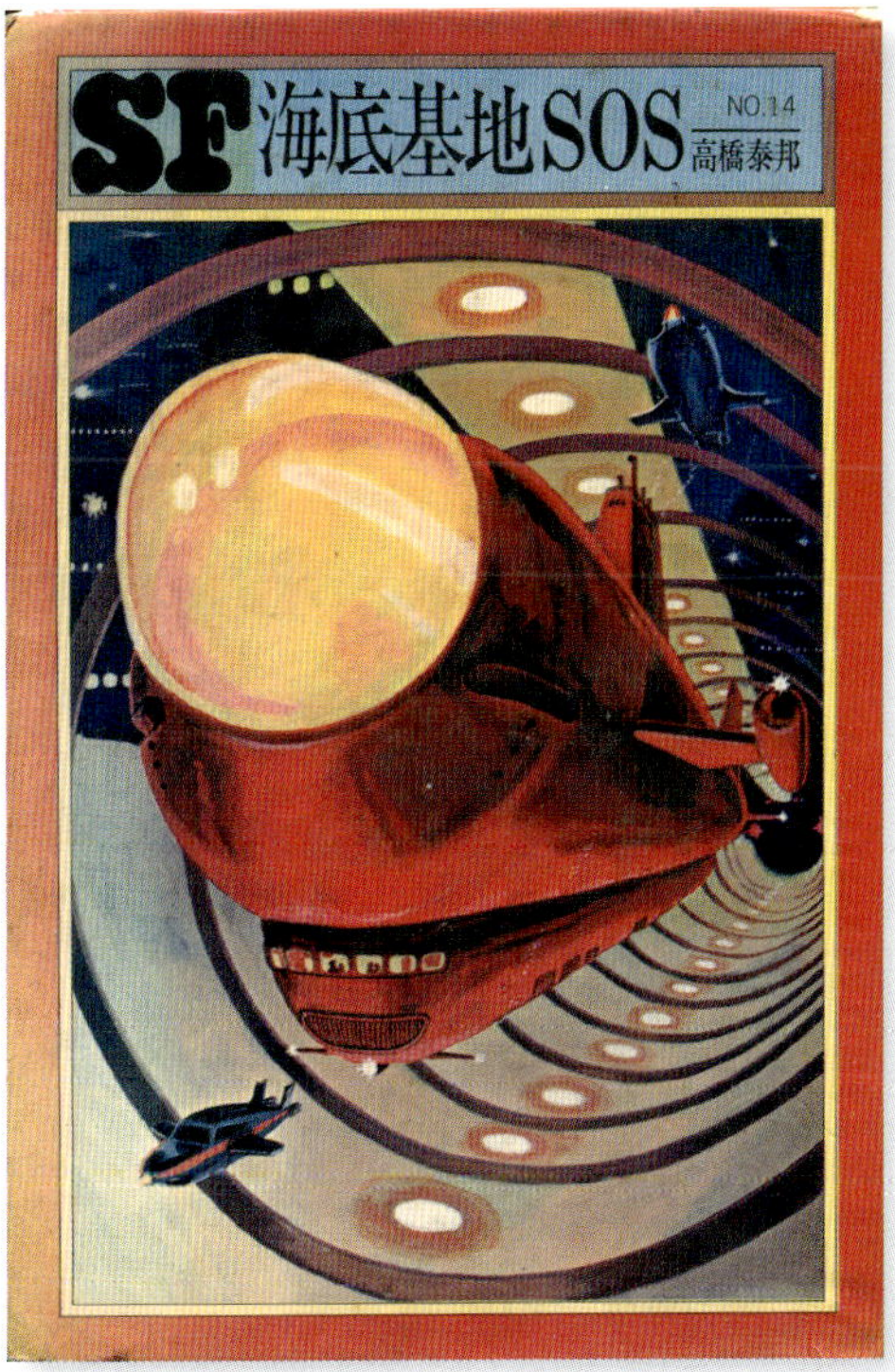

c

a　第8巻『美女の青い影』平井和正。初版 昭和45年。［表紙絵］早川博唯。「〈幽霊屋敷〉と呼ばれる古い西洋館に、ある日、すばらしい美女がひとりで引っ越してきた……」（広告より）

b　第10巻『ぼくボクとぼく』都筑道夫。初版 昭和45年。［表紙絵］早川博唯。「そう遠くない未来の東京で、いたずら好きの少年は、ある日、自分とそっくりの人間と、もう一人、見えない分身に出会ってびっくりする」（広告より）

c　第14巻『海底基地SOS』高橋泰邦。初版 昭和45年。［表紙絵］早川博唯。「20世紀の終わりごろ海中・海底には開拓の歌がひびき第二の大探検時代が始まっていた」（広告より）

d　第8巻『美女の青い影』平井和正。初版 昭和45年。［絵］松江寛之。再刊カバー装。

なつかしい人たち

金森 達

エドモンド・ハミルトン『宇宙怪人ザロ博士の秘密』
あかね書房 少年少女世界SF文学全集 昭和48年。［函絵］金森達。

Guest Essay

早いものですね、あれからもう五〇年も経ちました。昭和三七年、なつかしいですね。はじめて訪ねた出版社は早川書房でした。玄関を入って簀《す》の子の通路から二階へ上って編集室がありました。EQMM（エラリイ・クイーンズ・ミステリ・マガジン）、現在のハヤカワ・ミステリマガジンにはじめてカット？　イラスト？　を描きました。

当時はイラストレーションと云う言葉すら珍しいものでした。月替りで北園克衛さん、勝呂忠さん、真鍋博さん、などといった人たちが登場していました。当時の早川書房の編集スタッフは私と同年輩の昭和ヒトケタ代の人たちでした。福島正実さん、生島治郎さん、常盤新平さんたちの若かりし頃でした。そして創刊一年目のSFマガジンの誌面に私のさし絵、イラストがはじめて登場しました。担当の編集者は南山宏さんでした。私が無我夢中で描いたのは光瀬龍さんの読物コラムの宇宙人やら宇宙ガン兵器などのさし絵でした。SFと云う言葉が未だ耳なれない時代でした。しかしそのイラストをきっかけにその後のSFマガジンの誌上に毎月登場するようになりました。

そして昭和四〇年代、アポロ宇宙船の月面着陸をはじめとして世は一挙にSFの時代がはじまりました。今に思えば汗顔のいたりです。稚拙でヘタな私の絵がA・C・クラークさん、A・アシモフさん、R・A・ハインラインさん、S・レムさん、などの外国作家の作品に、日本の作家では小松左京さん、筒井康隆さん、眉村卓さん、豊田有恒さん、平井和正さん、半村良さん、今日泊亜蘭さん、矢野徹さん、そして光瀬龍さんたちの作品のさし絵を描きました。光瀬さんとは、以後数十年に亘ってコンビのように多くの作品のさし絵を描きました。SFが映画に小説に、読物やマンガの世界に満ち溢れる時代がやってきました。

そして当時の編集者のみなさんの顔と名前が次々となつかしく思い

出されます。

サンデー毎日の石川喬司さん、講談社少年マガジンの内田さん、小学館少年サンデーの井上さん、ボーイズライフの木下さん、石塚さん、小林さん、寺内さん、福永さん。子供向け週刊誌、雑誌、書籍などにSF作品が満載でした。創元社の五所さん、岩崎書店の日高さん、山崎さん、綜合社の白井さん、篠勇さん、偕成社の松倉（藤井）さん、といった人たち。そしてこれらのSF作品の企画とアイデアマンであり、プロデューサー的存在の人に大伴昌司さんがいました。私も大伴さんから沢山のアイデアを頂き、いろいろなものを描きました。

一九三二年、昭和七年生れの私が物心つく頃、断片的な記憶ですが、家のコンクリートの土間にろう石やチョーク（白ぼく）で一日中らくがきをしていたようです。

当時はすでに世の中は戦争時代の真只中でした。私はそけいヘルニアを抱えた元気のない虚弱児でした。体は思うように動かず、ましてや軍国時代の国民学校（小学校）は到底なじめない違和感だけの生活でした。それでも、兵隊さんやら戦争場面や軍艦や飛行機などの絵を夢中で描いていました。その時が一番たのしかったのでしょう。

なつかしいですね。山中峯太郎さん、南洋一郎さん、海野十三さんの読物はじめ、講談社の絵本、少年倶楽部などが楽しい教科書でした。中でもそれらの本のさし絵や口絵を描いていた絵かきさんたち。スッキリとした画面の鈴木御水さん、樺島勝一さんの精巧なペン画、スマートでカッコよい飯塚羚児さん、力強く重厚なタッチの梁川剛一さん、伊藤幾久造さん。これらの絵は未だに脳裏にあって忘れられません。特に大好きだった人は伊藤幾久造さんでした。子ども心にも、戦争の絵であってもどこか人間味のある暖かい感じや色づかいも好きでした。戦後になっても描かれていたようですが、余り作品に接することができないのが残念です。

これらのさし絵を描いた先人の画家の皆さんは、私にとっては最高のお手本であり先生でもありました。子ども時代のらくがきにはじまり、未だにらくがきを続ける私の絵の原点にもなっているのです。

さし絵を描いた人たちの中でも、やはり憧れと郷愁を感じるのはこれらの戦前のさし絵画家の人たちです。私が戦後の小松崎茂さんたちの絵に接するのはかなり時間が経って一九七〇年代の後半でした。

そして今になり思うに、私のほんとうに身近なところにスゴイさし絵画家の大先輩の人がいたのです。

武部本一郎さん、中山正美さん、柳柊二さん、そして依光隆さんでした。一緒に外国旅行をしたり、一緒にお酒を飲んだり、一緒に徹夜で遊んだりした思い出と共にこの大先輩の実力、武部さんの重厚で魅力あふれる画面、中山さんの軽やかで明るい絵、依光さんの力強いタッチ、柳さんの完成されたキレイで美しい絵、これらの作品を見れば見るほど、感無量の思いが一ぱいです。

アッと云う間ですね。八〇年が経ちました。私も子どもの頃のらくがきにはじまって、SF、ミステリーにとどまらずいろいろな分野のさし絵、イラストを描きながら、まだまだ描き足りません。

何かが描きたい。何でも描きたい。

そう思えば思うほど時間が足りません。

いろいろな先人の作家や画家の皆さんも、きっと思いは同じだったのでは、ないでしょうか。

アポロ11号と万国博とジュヴナイルSF

一九六九年七月、ケネディ宇宙センターから発射されたアポロ11号は月面へと到達した。ニール・アームストロング船長の発した「これは一人の人間にとっては小さな一歩だが、人類にとっては偉大な飛躍である」は歴史的名言となった。

アメリカとソ連の宇宙進出競争は、一九五七年にソ連が打ち上げたスプートニク1号によってスタートする。そしてソ連は六一年に世界初の有人宇宙飛行を成功させ、宇宙飛行士のガガーリンは「地球は青かった」とつぶやいた。さらに六三年には初の女性宇宙飛行士となったテレシコワが宇宙から「私はカモメ」と交信した。しかし、ソ連が圧倒的にリードしていたにもかかわらず、月面到達というゴールはアメリカが奪取する。人類初とはいうが、やはりアメリカ人初の、と称するのが適切かもしれない。その月面を歩く姿を僕たちは、不明瞭なブラウン管の画像を通して食い入るように見つめた。

そしてその翌年の一九七〇年、日本で最初の万国博覧会が「人類の進歩と調和」をテーマに大阪は千里丘陵で開催される。七七カ国、四国際機関の参加はそれまでの万国博を上回る数だった。

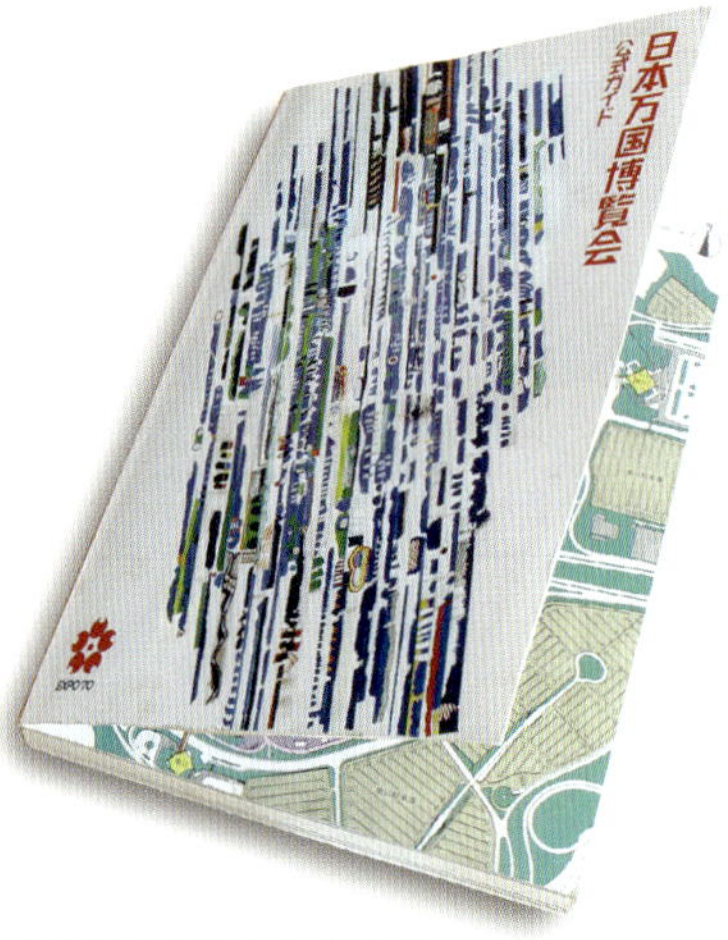

日本万国博覧会公式ガイド

アメリカとソ連はそれぞれ持てる宇宙開発技術を展示品とした。なかでも最大の注目の的となったのは、アポロ11号が持ち帰った「月の石」だ。エアードーム型のパビリオン、アメリカ館には「月の石」をひと目見ようと長蛇の列ができた。たったひとかけらの石を見るために何時間も我慢した。ようやく目にしたそれは、少しだけキラキラしてはいたが、ただの石ころにしか思えなかった。しかし、その石ころひとつに人々は宇宙への憧れを胸に抱いた。そして万国博に未来都市を垣間見たのだ。

巨大なコンテナのような日本館。三万二千個の電球で輝くスイス館。笑った顔のようなガス・パビリオン。球体が浮かぶ住友童話館。テトラ・ユニットでできた東芝IHI館。長いエスカレーターの日立グループ館。そしてそれらの中心に太陽の塔がそびえる。どのパビリオンが斬新だったかを言うのは難しい。それほど個性的なものばかりだった。そして、みどり館の全天全周に映し出されるアストロラマに驚き、スペクタル映画が迫る三菱未来館に狂喜し、タイム・カプセルを展示した松下館に時の流れを見た。自動車館の交通ゲームを経験できなかったことは、今でも悔いに残っている。タイムマシーンがあったら真っ先に帰りたい、と思う。

それでも、万国博が見せようとした未来への夢や科学の可能性に心ときめかせることはなかった。現実の延長でしかないように見えたのだ。僕たちはもっと心乾いていた。その癒しを、見果てぬ希望を、ジュヴナイルSFに求めたと言ってもいいのかもしれない。宇宙開発や万国博を追い風に、そして高度経済成長を背景にジュヴナイルSFは加速した。〝果てしない先の未来は明るい〟と、そう誰もが信じていた。

（大橋博之）

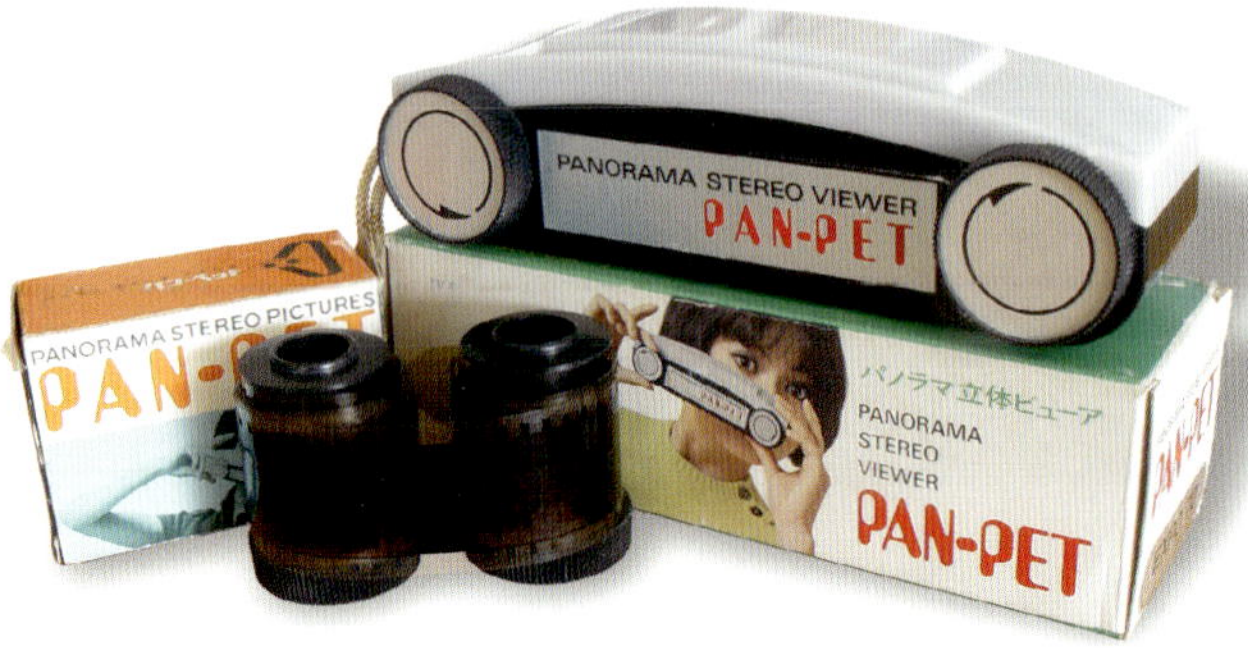

EXPO'70 パノラマ立体ビューア《PAN-PET》。内部のフィルムに各種パビリオンをはじめ万博会場の風景が収められていて、立体的に見ることができた。

ジュヴナイルSFの時代

1969年、アポロ11号の月面到着。1970年、日本万国博覧会の開催。人々の眼差しは宇宙へ、そして未来へと向けられた。NHK〈少年ドラマシリーズ〉ではSF作品が次々映像化されて人気を博し、本格的なSFの時代がやってきた。子供たちの夢とロマンをのせてジュヴナイルSFは加速する。

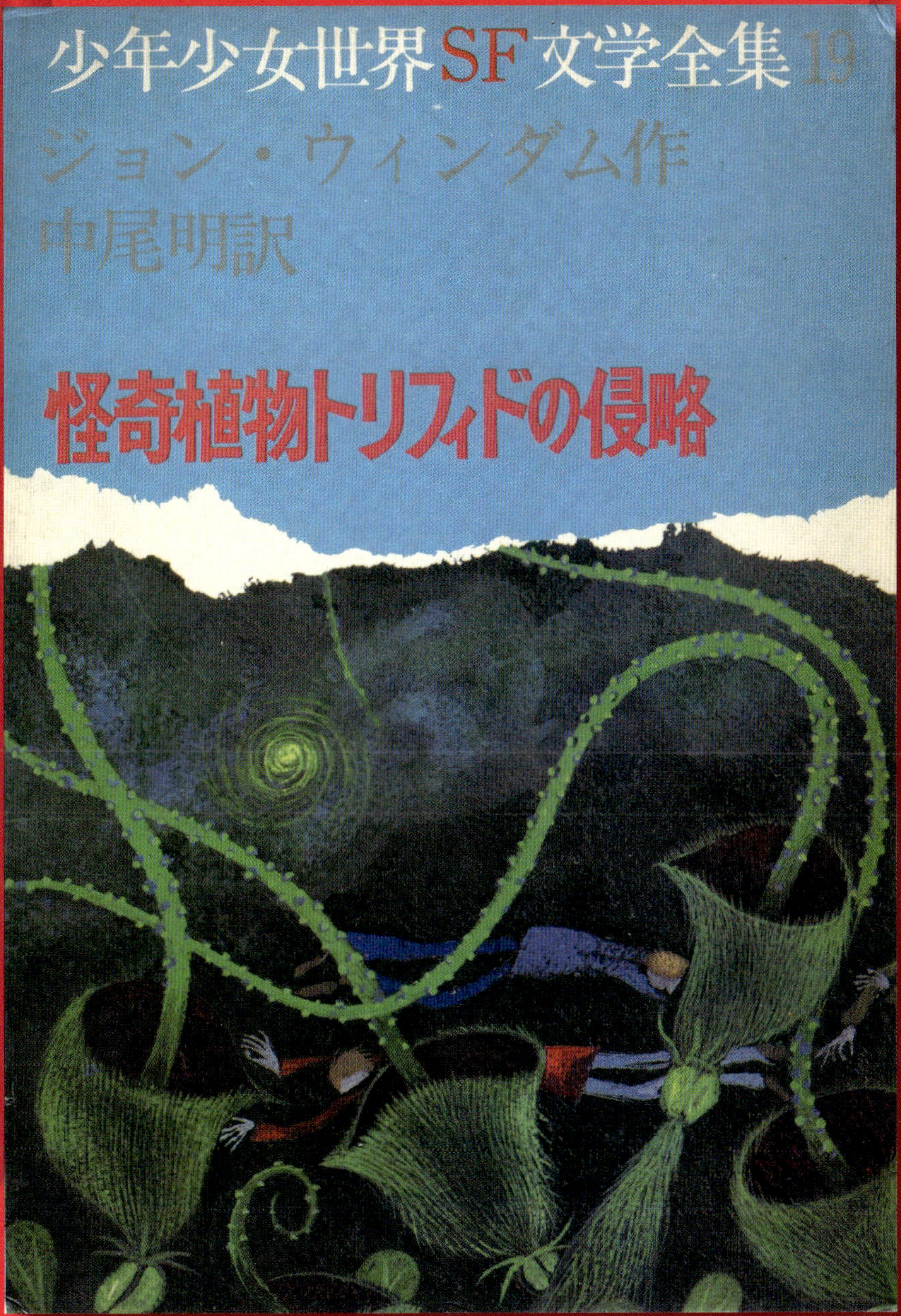

あかね書房〈少年少女世界SF文学全集〉第19巻『怪奇植物トリフィドの侵略』ジョン・ウィンダム／中尾明訳。初版 昭和48年。［函絵］池田龍雄。原作は『トリフィド時代』。

SF少年文庫（全30巻）岩崎書店 昭和45～48

第6巻『まぼろしのペンフレンド』眉村卓。初版 昭和45年。［函絵］岩淵慶造。
「まぼろしのペンフレンド」《中一コース》、「テスト」《中二時代》、「時間戦士」《高一時代》 の3作を収録。いずれも初出は学習雑誌に発表したもの。「表現のしかたにも差がありますが、それでも、ひとつの共通点があるのに気がつかれたことでしょう。つまり、どの作品も、主人公がどこか別の世界へひきこまれる、ということです」(「あとがき」より)

b

a

d

c

a　第1巻『第四惑星の反乱』シルヴァーバーグ／中尾明訳。第2刷 昭和47年。［函絵］柳柊二。
b　第3巻『わすれられた惑星』ラインスター／矢野徹訳。初版 昭和45年。［函絵］石田武雄。
c　第5巻『うしなわれた世界』コナン・ドイル／土居耕訳。初版 昭和45年。［函絵］佐藤照雄。
d　第7巻『アーサー王とあった男』マーク・トウェーン／亀山龍樹訳。初版 昭和46年。［函絵］D・N・ベアード。原作は『アーサー王宮廷のコネチカット・ヤンキー』。装画と挿絵は原書のもの。

b

a

d

c

a　第18巻『なぞの第九惑星』ドナルド・ウォルハイム／白木茂訳。初版 昭和47年。［函絵］依光隆。
b　第22巻『宇宙人ビッグスの冒険』ネルソン・ボンド／亀山龍樹訳。初版 昭和48年。［函絵］水野良太郎。
c　第25巻『百万の太陽』福島正実。初版 昭和48年。［函絵］柳柊二。NHKラジオで約1年間にわたって放送された連続ラジオドラマの脚本を小説化。
d　第28巻『木星のラッキー・スター』ポール・フレンチ／土居耕訳。初版 昭和48年。［函絵］武笠信英。アイザック・アシモフのペンネーム。原作は〈宇宙監視員ラッキー・スター〉シリーズ。

第一期一五巻でスタート。のちに第二期一五巻が加わり、全三〇巻となった。装丁は第一期と第二期では違い、別のシリーズのようなテイストとなっている。また、後に第二期のデザインで統一されたカバー装でも再刊されている。その際、『うしなわれた世界』など、表紙の絵が変わったものもある。

眉村卓『まぼろしのペンフレンド』、福島正実『迷宮世界』、光瀬龍『作戦NACL』など、日本人SF作家の作品も多く含まれる。

福島正実は『時間と空間の冒険』の「作者と作品」の中で、「SFの面白さは、なんといっても、ふつうの小説にはない、その思いつき（アイデア）の奇抜さと、常識では考えられない、飛躍した空想の自由さと、そしてそうした空想のうしろにある、科学的なものの考え方の新鮮さとにあります」と書いている。SFが広く認知されようとしだした時代のシリーズだといえる。

第30巻『夢みる宇宙人』ジョン・D・マクドナルド／常盤新平訳。初版 昭和48年。［函絵］水野良太郎。原作は『夢見るものの惑星』。

挿絵画家列伝 Illustrator's File 9

岩淵慶造

いわぶち・けいぞう

岩淵慶造は昭和一七年一月一八日、青森県に生まれた。

子供の頃から絵をよく描き、小学校高学年ですでに画家に師事した。油絵や水彩で風景を好んで描いた。中学、高校と美術部に所属。しかし高校では文学や音楽に心奪われるようになった。

昭和三七年、亜細亜大学商学部入学。大学生活の四年間はアルバイトに明け暮れた。昭和四一年、卒業。フリーの商業デザイナーとして活躍するようになる。

しかし、いくらポスターなどをデザインしても、商業デザインでは名前が残らない。それでは意味がないと思い、画家になりたいという夢もあったことからイラストで身を立てることを決意する。ミステリが好きだったので早川書房に絵を持ち込んだ。しかし採用されたのは〈ミステリマガジン〉ではなく〈SFマガジン〉でだった。

昭和四二年、〈SFマガジン〉で、レイ・ブラッドベリ「火と霜」と眉村卓「EXPO87」を手掛ける。また、〈SFマガジン〉の表紙を二五回担当。やがて、児童図書出版社からも依頼が来るようになった。

手掛けたジュヴナイルSFに〈SF名作シリーズ〉『宇宙スパイ戦』、〈ジュニア版・世界のSF〉『銀河王国の地球人』『火星のプリンセス』（76頁）、〈SF少年文庫〉『まぼろしのペンフレンド』（86頁）『宇宙紀元ゼロ年』『タイムマシン』、〈少年少女21世紀のSF〉『ソレマンの空間艇』『セブンの太陽』『火星地底の秘密』、〈SFロマン文庫〉『まぼろしのペンフレンド』『宇宙紀元ゼロ年』『タイムマシン』などがある。

岩淵は年代と共に画風が変わっていく。〈SF少年文庫〉『まぼろしのペンフレンド』を手掛けた頃は〈ハヤカワ文庫SF〉でラインスター『青い世界の怪物』やヴォクト『宇宙製造者』などのカバーと挿絵も担当し、イラストレーターとして乗りに乗っている頃で、SFファンには一番、これが馴染みのある画風かもしれない。とにかく色の使い方が個性的だ。顔にしても単純に肌色で着色せず、影の部分をわざと別の色で画き分ける。奇妙な物語であることを表紙から感じさせる。

第13巻『ロボット・スパイ戦争』カルル・ブルックナー／塩谷太郎訳。初版 昭和47年。［函絵］ 楢喜八。
「万国博に出品するロボットの製作に科学力のすべてを投入するアメリカとソ連。その裏にはスパイの激しい攻防戦が——」（広告より）

b

a

d
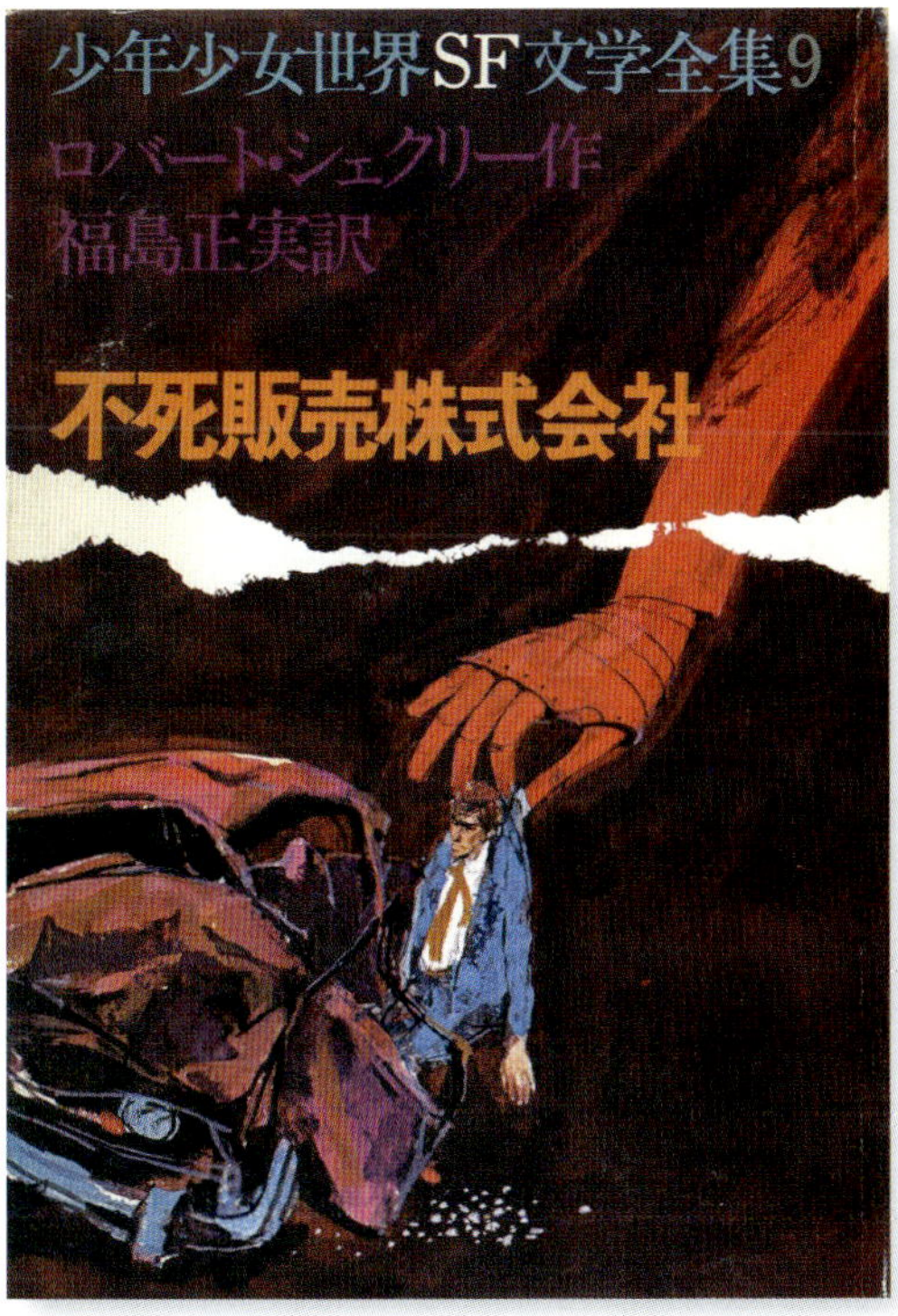

c
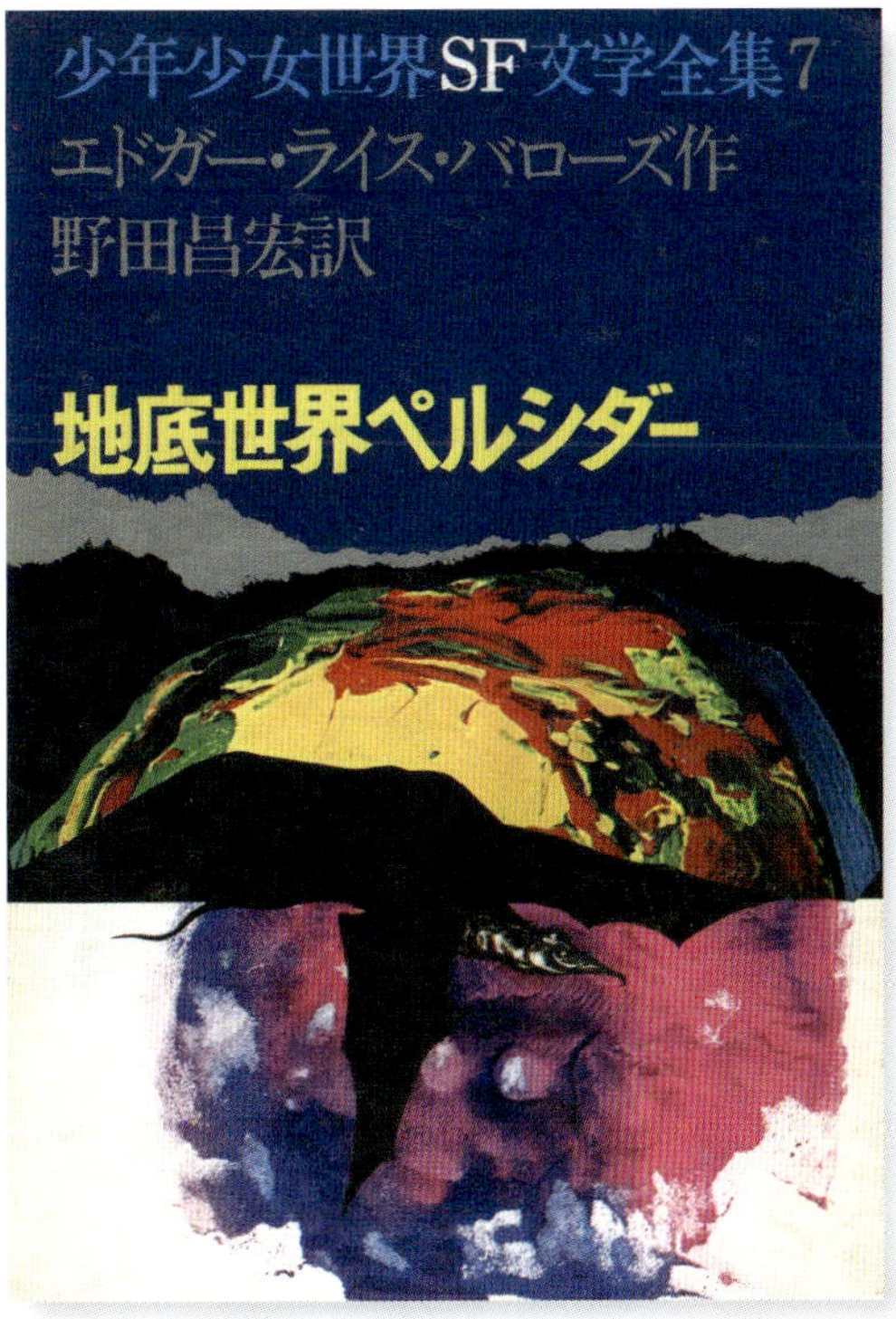

a　第4巻『タイムマシン28000年』レイ・カミングス／斎藤伯好訳。第2刷 昭和47年。［函絵］新井苑子。原作は『時間を征服した男』。
b　第6巻『四次元世界の秘密』L・P・デービス／白木茂訳。第5刷 昭和48年。［函絵］山本耀也。
c　第7巻『地底世界ペルシダー』エドガー・ライス・バローズ／野田昌宏訳。初版 昭和46年。［函絵］上矢津。
d　第9巻『不死販売株式会社』ロバート・シェクリー／福島正実訳。第6刷 昭和48年。［函絵］中山正美。

b

a

d

c

a　第10巻『宇宙船ドクター』ハリー・ハリスン／内田庶訳。第4刷 昭和48年。［函絵］依光隆。
b　第11巻『惑星ハンター』アーサー・K・バーンズ／小尾芙佐訳。初版 昭和47年。［函絵］金森達。原作は『惑星間の狩人』
c　第12巻『海底の地震都市』F・ポール＆J・ウィリアムスン／中尾明訳。初版 昭和47年。［函絵］沢田弘。
d　第16巻『宇宙戦争』H・G・ウェルズ／飯島淳秀訳。初版 昭和47年。［函絵］太田大八。

〝ジュヴナイルSFの金字塔〟といっても過言ではないシリーズで、今でも思い入れのあるファンは多い。ハイブローで洒落たデザインの装幀と、新井苑子、杉本一文、楢喜八など新しい挿絵画家を起用した美しいイラストも魅力的。函入で刊行された後、カバー装で再刊された。

元々、ジュヴナイルの作品もあるが、大人向きのSFを子供向きに翻訳したものも多い。しかし、原作からそれほど逸脱せず、枝葉のみを取った丁寧な翻訳となっている。

巻末には著名人の推薦の言葉が並ぶ。手塚治虫「はじめてSFを読む読者でも十分に楽しませてくれる」。星新一「想像の世界を楽しむことは人間だけが持つ能力である」。松尾弥太郎（全国SLA事務局長）「すぐれたSFは子どもたちに読書の興味をあたえる」。

キャッチフレーズは「少年少女に未来への夢と希望をおくるSF文学の決定版！」。

第20巻『銀河系防衛軍』エドワード・E・スミス／小尾芙佐訳。初版 昭和48年。［函絵］沢田弘。原作は〈レンズマン〉シリーズ『銀河パトロール隊』。

挿絵画家列伝 Illustrator's File 10

楢 喜八

なら・きはち

楢喜八は昭和一四年五月一九日、樺太（現在のサハリン）に生まれた。本名・細坪宗利（ほそつぼ・むねとし）。

昭和二〇年、樺太で終戦を迎える。昭和二二年、引きあげると石川県に住んだ。昭和二三年、北海道へ越し、北海道で暮らした。小さい頃から絵が好きで、いずれは東京に出て画家になりたいという希望を抱いていた。

昭和三三年、金沢美術工芸大学油絵科へ入学。昭和三七年、卒業と同時に上京。デザイン会社に入社。画家を目指し勤めながら絵を描いた。二年間勤めて退社。勤めと絵画を両立させることができず、絵画だけに専念したかったのだという。

出版社への売り込みを続けるが、なかなか採用してもらえなかった。イラストを使う出版社も増えたが、イラストレーターも増えていた。数多くいるイラストレーターからひとつ抜けないと使ってもらえない。抜け出すのはきつかったという。この頃から〝楢喜八〟のペンネームを使っていた。

昭和四三年、〈ミステリマガジン〉でデビュー。早川書房に勤める知り合いに紹介状を書いてもらい、〈SFマガジン〉に持ち込みに行った。すると〈ミステリマガジン〉の方がいいんじゃないかと言われ、同誌の編集長を紹介してもらった。ミステリの雑誌で採用されるとは考えていなかった。

やがて〈SFマガジン〉からも依頼が来るようになり、俄然、忙しくなった。

昭和四七年、〈少年少女世界SF文学全集〉『ロボット・スパイ戦争』を手掛ける。

楢はユーモラスなイラストを得意とする。しかしただユーモラスなだけではない。どこかに毒を含んでいる。つまり、ブラック・ユーモアなのだ。『ロボット・スパイ戦争』もストーリーはブラック・ユーモア。ドイツで行われる万国博覧会に出品するために、アメリカとソ連がロボットの製造を始める。やがてアメリカは男性ロボット、ウィリアムを、ソ連は女性ロボット、ナターシャを作り上げた。そして話は意外な方向に……、というもの。楢が描く表紙は物語を描いているわけではないのに、謎めいていて読まずにはいられない、そんな気にさせる魅力がある。

b

a

僕たちのSF入門

●『SF教室』

昭和四〇年、福島正実編による『SF入門』（早川書房）が刊行された。この本が一般を対象としたSF入門書だったのに対し、子供に向けて書かれたのが、昭和四六年刊行の筒井康隆編『SF教室』（ポプラ社）だった。

筒井は「はじめに」で、〝SF全体のことが知りたい〟〝入門書を読んで一から始めるのが大好きだ〟〝みんなが騒いでいるSFってなんだろう？〟〝SFを沢山読んできたけど、もっとすばらしいSFを見逃しているのではないだろうか？〟という読者に対し、「そんなきみなら、これを読みたまえ。この本は、きみの本だ」と力強く呼びかける。

執筆したのは筒井康隆、豊田有恒、伊藤典夫の三人。「SFについて」「SFの歴史」「SFの名作」「SF作家の案内」「SFのマンガと映画」「SFにでてくることば」の全六章。二度、三度と書き直し、一年以上かかってこの本を書き上げたとあるだけあって、分担して書かれたにしては文章も統一されていて読みやすい。しかも当然ながら詳しい。今読んでも基本的なSFの知識を得ることの出来る一冊だといえる。

「はじめに」の最後は次の言葉で締めくくられている。

「どうか、この本を読み、大学にはいっても、おとなになっても、はじめてSFを読んだ時の感激を忘れないで、いつまでも、いつまでも、このすばらしいSFから、はなれて行かないでくれ。いつまでも、いつまでも、ぼくたちや、ぼくたちの愛するSFと、つきあってくれ。この本には、そういう願いがこめられているのだ」

●『未来の世界　SFの世界』

福島正実『未来の世界　SFの世界』（少年画報社）は昭和四一年の刊行。『S

a　ポプラ社〈ポプラ・ブックス〉第8巻『SF教室』筒井康隆編。第6刷 昭和52年。［絵］斎藤和明。このシリーズには他に『推理小説の読み方』（中島河太郎）もある。

b　少年画報社〈少年文庫〉第37巻『未来の世界　SFの世界』福島正実。初版 昭和41年。［表紙絵］梶田達二。見返し・扉を吉田郁也が、さしえを斎藤寿夫、梶田達二、丸山元博、篠田英男といった少年雑誌で活躍していた挿絵画家たちが描いている。

東洋文庫読者倶楽部

発会のご挨拶

東洋文庫は1963年10月に創刊いたしました。爾来50年にわたり、日本・韓国・中国・インド・イスラム圏を含む広大な地域でアジアの先人たちが築いた価値ある古典を発掘し続け、これまでに約800巻を刊行してまいりました。2013年秋、創刊50周年を迎えるにあたり、ファンクラブ「東洋文庫読者倶楽部」を発足させていただきます。東洋文庫を日頃からご愛顧いただいている読者と著者、出版社をむすぶ交流の場として多くの皆さまの入会をお待ちしております。

入会特典　［入会費無料］

■『東洋文庫マイブック』プレゼント　（入会先着300名様）⟶ ご入会300名様を超えました。ありがとうございました！

東洋文庫と同じ装丁・ケース入りの『東洋文庫マイブック』をプレゼントします。ページには縦の罫線のみ入れています。日記や読書記録など、あなただけの「東洋文庫」としてお使いください。

くらしのこよみ 七十二候の料理帖
編＝うつくしいくらしかた研究所
七十二候ブームの火付け役となった人気アプリ「くらしのこよみ」がお届けする料理レシピ集。3～5ステップの簡単レシピで、季節ごとの旬の食材をおいしく愉しみませんか？
1470円

別冊太陽 日本のこころ213
百人一首への招待
監修＝吉海直人
百首の歌の丁寧な解説と、〈光琳かるた〉などの絵画や、光悦や遠州が残した書をヴィジュアルに紹介するとともに、成立期の時代背景や藤原定家の選歌基準にまつわる謎にも迫る決定版。
2730円

コロナ・ブックス186
あのメニューが生まれた店
菊地武顕
ハヤシライス、ナポリタンなど普段よく食べているメニューは、いつ、どんな店で生まれたのか？ 「食」を愛する著者が、丹念な取材をもとにそのルーツを探った60余の物語。
1680円

コロナ・ブックス187
般若心経 二六二文字を読む・知る・書く
角田泰隆、金岡秀郎、名児耶明
「色即是空」で有名な経典はなぜ我と向き合う機会となり得るのか。とらわれを捨て、苦から離れる秘訣を、斯界を代表する執筆陣が説く。天皇や美術家が262文字に託した写経も紹介。
1575円

HUMAN vol.05 知の森へのいざない
監修＝人間文化研究機構
人間文化研究機構の機関誌・第5号。特集は「酒と日本文化」。身近な楽しみでありながら、文化・芸術とも深いかかわりを持つ「日本の酒」について、各界の専門家が多角的に語る。
1575円

わたしの好きなクリスマスの絵
フェデリコ・ゼーリ／訳＝柱本元彦
アカデミズムに頑固に反抗し続けた大美術史家が70歳を迎え、ゆったりと寛いで、ジョット、ボッティチェリ、ベラスケス、ティエポロまで、12の珠玉の降誕図を語る、聖夜の素敵な贈物。
1575円

インターメディアテク 東京大学学術標本コレクション
編＝西野嘉章
東大が明治10年の開学以来蒐集してきた膨大な学術標本を展示する博物館がオープン。東京駅前に突如現れた美しくも奇怪な驚異の部屋（ヴンダーカンマー）のお宝数百点を一挙カラー掲載！
1890円

私の愛、ナムジュン・パイク
久保田成子、南禎鎬／訳＝高晟埈
ビデオ・アートの創始者、ナムジュン・パイクと過ごした自由奔放な芸術家生活を、その妻が初めて明かす韓国発の話題作。作家の素顔を垣間見ることのできる貴重な証言。
2940円

少年少女 昭和SF美術館 表紙でみるジュヴナイルSFの世界
編著＝大橋博之
流線形のロケット、奇怪な宇宙生物、高性能ロボット、タイムトラベル……。昭和30～50年代、科学への関心や想像力、夢と冒険心を育んだジュヴナイルSFの世界をオールカラーの書影で紹介。
3990円

地図で学ぶ日本の歴史人物
監修＝池上彰
卑弥呼から山中伸弥まで総勢300人！ 47都道府県にまつわる重要人物を通して、日本の歴史と地図を学ぶ。自分の住む県から隣県へ興味が広がる、ユニークな［地図＋図鑑］登場。
1995円

くうねるところにすむところ：家を伝える本シリーズ32
「生きられた家」をつむぐ
奥山明日香
建築の解釈に多くの影響を与えつづけている思想家多木浩二の著作『生きられた家』に触発され、シェアハウスの日常性をみずみずしい感性でつむぎだした、「建築女子」による珠玉の家の本。
2100円

SUNAO SUNAO 3
100%ORANGE
人気イラストレーター、100%ORANGEの本格コミック・シリーズ、第3弾。可愛くてポップな主人公・スナオ君が今度もパンクにシュールに大活躍!? 「ウェブ平凡」で話題連載の待望の書籍化！
1050円

愛蔵版 銀曜日のおとぎばなし2（全3巻）
萩岩睦美
ファンタジーコミックの傑作、愛蔵版第2巻。小人の村を救うという伝説の虹の玉をポーとスコットは見つけることができるのか？ 「りぼん」連載時の本文カラー再現＆描き下ろしマンガも掲載。
1260円

※定価の表示は本体価格に消費税（5%）が加算されています。
本のご注文はお近くの書店へ。小社直接の場合は、平凡社サービスセンター 0120-456987
またはホームページのオンラインショップをご利用ください。

F入門』刊行の翌年である。福島は「この本を読むみなさんへ」で「ぼくは、この本を、SFずきのみなさんにとっては、よりよいSFを読みこなすたすけとなるように、また、SFのおもしろさとまじめさを知らない読者には、SFを知るきっかけとなることをねがいながら書きました」と執筆意図を記している。「ロボットの世界」「宇宙人の世界」「時間旅行の世界」「異次元の世界」「超能力（ESP）の世界」「地球さいごの日」「未来の宇宙旅行」「SFの未来兵器」「未来の世界」の九章に「SF用語辞典」が付く。SFで描かれている世界をテーマ別に分類し、実際の科学からSFにアプローチするという内容。福島ならではのものとなっている。

●『2001年の世界』

『2001年の世界』（偕成社）は昭和四六年の刊行。SFの入門書ではないが、三〇年後の二一世紀の未来を、当時の科学から予想して書かれている。そこで描かれるのは月世界に建設される都市、そして海底にも拡がる都市。豊かな未来の世界が繰り広げられる。高層ビルが立ち並び、高速道路ではエアーカーがひた走る。都市と都市とは高速の列車で結ばれる。きっと二〇〇一年は、そんな世界になるのだと、表紙を眺めながら、誰もがそう夢見ていた。

●『SFなんでも講座』

横田順彌・編『SFなんでも講座』（草土文化）は昭和六二年の刊行とずっと新しい。〈ジュニアSF選〉（126頁）の別巻。

横田順彌「SFってなんだろう?」、松中正子「世界のSFの歴史」、會津信吾「日本のSFの歴史」、塩崎昇「いろいろな分野のSF」、森下一仁「SFの書きかた」の全五章に、「SF用語辞典」「初心者のためのSFガイド20（海外篇）」「初心者のためのSFガイド20（日本篇）」が付く。

横田は「本書『SFなんでも講座』は、SF小説を、まだ、一冊も読んだことのない人、ちょっと、読んだことはあるけれど、あんまり、おもしろさがわからないという人のための、SF入門書だ」と意図を説明している。

（大橋博之）

c 偕成社〈ジュニア博物館〉第9巻『2001年の世界』謝世輝。初版 昭和46年。［表紙絵］画家記載なし。「2001年の都市の想像画。てまえに見えるのは、運転を必要としない自動操縦ハイウェイを走る電気自動車。背景には、超高層ビルがそびえています」（説明より）

d 草土文化〈ジュニアSF選〉別巻『SFなんでも講座』横田順彌編。初版 昭和62年。［絵］塩崎昇。「もし、「この本を読んだけど、やっぱり、SFってなんだかわからない」という人がいたら、それは、その人の頭が悪すぎる。この本の内容が悪いんじゃないよ」

SFシリーズ（全10巻） ポプラ社 昭和46～47

第6巻『火星探検』海野十三。初版 昭和47年。［絵］岩井泰三。

「日本SFの父、海野十三先生の代表作をはじめ、世界の名作より選んだ傑作集!!」（広告より）とある通り、全10巻のうち海野十三の作品が7巻を占める。残りは翻訳もの。「夢と冒険がいっぱいのSF」がキャッチフレーズ。

b

a

d

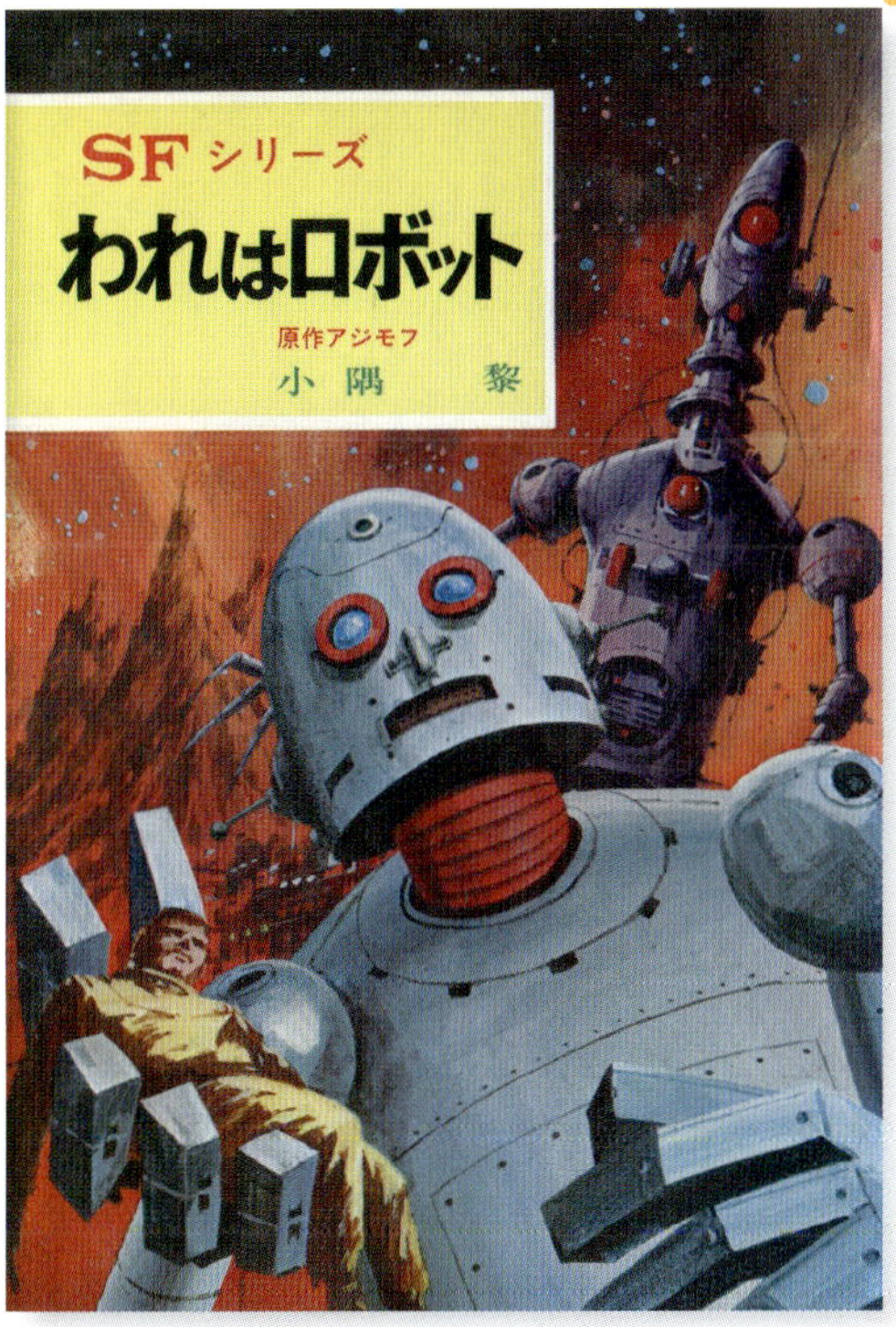

c

a　第1巻『ロボット博士』海野十三。初版 昭和46年。［絵］岩井泰三。
b　第2巻『謎の金属人間』海野十三。初版 昭和46年。［絵］岩井泰三。
c　第5巻『恐竜の世界』コナン・ドイル／氷川瓏訳。初版 昭和47年。［絵］岩井泰三。原作は『失われた世界』。
d　第8巻『われはロボット』アジモフ／小隅黎訳。初版 昭和47年。［絵］金森達。翻訳を担当した小隅黎は「アシモフ」とはせず、「アジモフ」と表記している。

SFベストセラーズ（全26巻）

鶴書房　昭和47頃～54

『眠りの星のレア』 瀬川昌男。初版 昭和53年。［絵］加藤直之。
「火星独立隊、宇宙海賊黒土星団らの暗躍。宇宙警備隊員マコトのおびた使命とは……」（広告より）

b

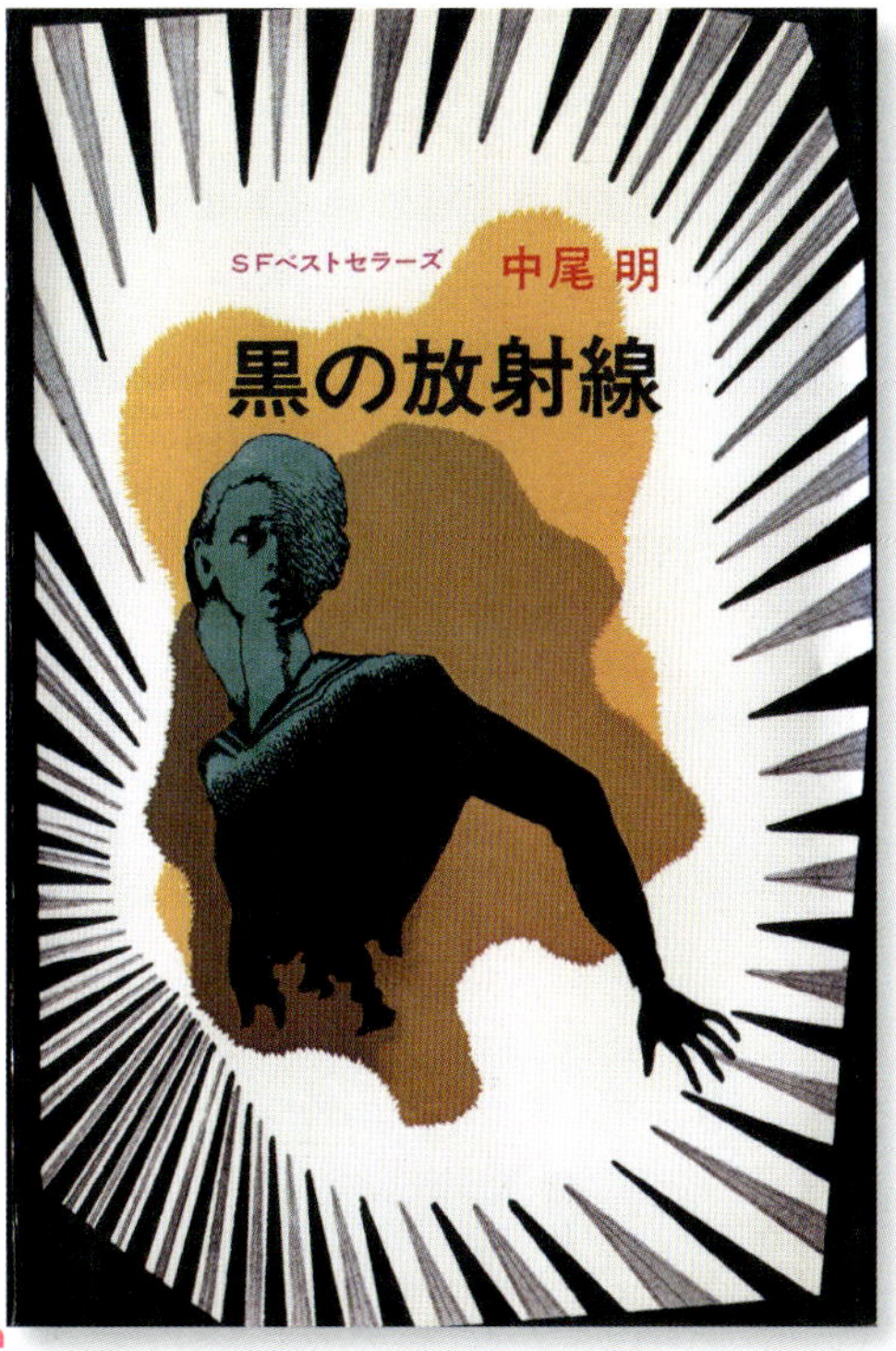

a

d

c

a 『黒の放射線』中尾明。第14刷 昭和51年。［絵］長尾みのる。「謎の黒あざ病、暗躍するSL教団。人肉を求めてほえる海。人類滅亡の危機が迫る」（広告より）

b 『時間砲計画』豊田有恒。刊行年記載なし。［絵］遠藤昭吾。「時の流れを自由にできる時間砲をめぐって、原始と神話の時代に展開する悪との戦い」（広告より）

c 『人類のあけぼの号』内田庶。第13刷 昭和51年。［絵］桜井誠。「仮死からめざめた未来世界で、父親殺しの極悪人にされていた少年。真犯人はだれだ?」（広告より）

d 『明日への追跡』光瀬龍。第6刷 昭和53年。［絵］中山正美。「正体不明の転校生の周囲に起きる殺人事件。謎を追う中学生の前に不気味な宇宙人の影が」（広告より）

b

a

d

c

a　『異次元失踪』 福島正実。第5刷 昭和53年。［絵］中山正美。「怪奇現象を話し合っていた少年たちが教室から突然消えた！ 四次元のミゾに落ちたのだ」(広告より)

b　『学園魔女戦争』宮崎惇。第3刷 昭和53年。［絵］中村宏。「襲いかかるハチの群は、一瞬炎と化した！ 彼女はエスパー、「魔女」なのだ！」(広告より)

c　『ポンコツロボット太平記』石川英輔。第2刷 昭和53年。［絵］畑田国男。「どう見ても粗大ゴミ。これがロボット!? しかし、実際そうなのだ!! シリーズ第二弾」(広告より)

d　『異世界の勇士』 高千穂遙。初版 昭和54年。［絵］武部本一郎。「高校生雅原竜二。異世界で彼を待つのは、不死の悪霊ガンダーク・ボアとの死闘だった!!」(広告より)

ペーパーバックサイズのコンパクトなシリーズ。〈ジュニアSF〉（52頁）の再刊としてスタート。『時をかける少女』がNHKでテレビドラマ化されたことで注目されたからか、その後、作品が増えていく。キャッチフレーズに「続々テレビ化の人気作品群!!」とあるように『夕ばえ作戦』『なぞの転校生』『明日への追跡』『消えた町』『ポンコツロボット太平記』もドラマ化された。

『続・時をかける少女』までの一冊には奥付に発行年月日はなく、版数も明記されていない。また、鶴書房や鶴書房盛光社と出版元が変わっているが、鶴書房が親会社。鶴書房盛光社も同じ会社。

「日本のSF作家だけの最新作をあつめたこのSFベストセラーズは、すばらしい試みだといってよいでしょう。ぼくはこのシリーズが、わかい諸君の明日をきずくエネルギー源となることを信じています」（福島正実「はじめに」より）

『夢の戦士』川又千秋。初版 昭和54年。［絵］佐竹美保。

挿絵画家列伝 Illustrator's File 11

加藤直之

かとう・なおゆき

加藤直之は、昭和二七年三月三〇日、大阪府に生まれた。

大阪の産院で生まれ、その後すぐに、家族は静岡県浜松市で生活を始めた。物理や幾何が大好きだった。しかし暗記物が大嫌いだった。中学時代、挿絵画家・武部本一郎が描いた〈火星シリーズ〉を見たことが切っ掛けとなってSFの魅力に取り憑かれるようになる。

昭和四五年、高校を卒業すると、SFのイラストレーターを目指して上京。千代田デザイナー学院に入学する。学校から出る絵の課題は無理やりSFに関連付けて描いた。

昭和四六年、在学中にSFセントラル・アートに入会。四八年に卒業後、SFセントラル・アートの仲間と共にクリスタル・アート・スタジオを設立。『ひらけ！　ポンキッキ』のキャラクターを描いた。

昭和四九年、〈SFマガジン〉で商業誌デビューを果たし、仲間とスタジオぬえを設立。早川SFコンテスト・アート部門に一位入賞。テレビアニメ『宇宙戦艦ヤマト』のメカニックデザインを担当。以後、SFを専門とする。

昭和五二年、ロバート・A・ハインライン『宇宙の戦士』を手掛ける。〈SFマガジン〉の表紙を担当し、五八年まで七年間続く。

昭和五三年、〈SFベストセラーズ〉瀬川昌男『眠りの星のレア』（98頁）を手掛ける。

加藤といえばなんといっても描くメカがカッコイイ。『眠りの星のレア』では快速艇（ロケット）の一部分だけを拡大してダイナミックに描いている。だから描き込まれたディテールに引き込まれるのだ。さらに、その背景にもう一機、同型の快速艇の全体があり、どんな形をしているのかもわかるように配慮されている。

しかも、本文には挿絵がふんだんに盛り込まれており、そこでは快速艇が正面上方から見たものや、下後方、上後方など様々な角度で登場する。このことから加藤はこの快速艇を立体的に、細部までデザインしてから描いているのだとわかる。そのこだわりがSFアートの第一人者と称される所以だろう。

その後、SFをフィールドに、常にこのジャンルのトップとして活躍している。

b

a

少年ドラマシリーズとジュヴナイルSF

「今……たった今にも、時間の流れを飛び越えることができる人間、タイム・トラベラーが、すぐそこに来ているかも知れないのです。あなたの、身近なところに……」（石山透『タイム・トラベラー』大和書房）

城達也のナレーションで始まる『タイム・トラベラー』は〈NHK少年ドラマシリーズ〉の第一作として、昭和四七年一月一日から二月五日まで全六回で放映された。原作は筒井康隆『時をかける少女』（ちなみに札幌オリンピックがこの年、二月三日から二月一三日まで開催された）。

普通の中学三年生、芳山和子（島田淳子）は誰もいないはずの理科準備室でラベンダーの花の匂いのする薬品を嗅ぐ。そのため、時間を飛び越えることのできる〝タイム・トラベラー〟になった。やがて和子は、同じクラスの深町一夫（木下清）が実は七〇〇年後の世界からやってきた未来人、ケン・ソゴルであることを知る、というストーリー。

主人公が中学三年生なのは、原作が学習研究社の学習雑誌《中学三年コース》に掲載されたことによる。昭和四〇年一一月号から《高一コース》昭和四一年五月号まで全七回連載された。掲載誌が変わるのは《中学三年コース》の読者は四月に進級し《高一コース》を読み始めるからだ。

当然ながらドラマ化は雑誌連載時ではない。昭和四二年に盛光社から〈ジュニアSF〉の一冊（54頁）として刊行されているが、その後に鶴書房盛光社（鶴書房）から刊行されたこの〈SFベストセラーズ〉『時をかける少女』を原作としたのだろう（TVドラマ化の帯が付いたものもある）。カバーを描いたのは長尾みのる。少女の影が不気味に伸びる絵から少女の戸惑い、ためらいが感じられる。

a 鶴書房〈SFベストセラーズ〉『時をかける少女』筒井康隆。刊行年記載なし。［絵］長尾みのる。本文の挿絵は谷俊彦。角川文庫版でも本文の挿絵を手掛けている。

b 鶴書房〈SFベストセラーズ〉『夕ばえ作戦』光瀬龍。刊行年記載なし。［絵］赤坂三好。現代の少年がタイムマシンで江戸時代に行くというストーリー。

〈NHK少年ドラマシリーズ〉は僕たちを魅了した。しかし『タイム・トラベラー』で芳山和子を演じた島田淳子の演技はあまり上手いとは思わなかった。そんなに派手な演出でもなかったし、ドラマはむしろ地味だった。

それでも夕方の六時にはテレビの前に陣取って、夢中になって観るほど引き込まれた。――その理由をブラウン管の中で演じる俳優が、観る側と年齢の近い、等身大の少年少女だったからだとする同世代は多い――。だが、記憶に残る〈NHK少年ドラマシリーズ〉を（正直に）挙げるとすれば、『タイム・トラベラー』『続・タイムトラベラー』『暁はただ銀色』『夕ばえ作戦』『なぞの転校生』『明日への追跡』『11人いる！』『未来からの挑戦』『幕末未来人』『その町を消せ』そして『七瀬ふたたび』で、つまり早い話が、SFだったからなのだ（観ていないSF作品もあるし、少女小説が原作の『どっちがどっち』も好きだった）。

まだ、ビデオは高価で一般家庭が買えるような品物ではない時代、テレビで見た感動を再現するには原作を読むしかなかった。そんな僕たちのために、鶴書房盛光社（鶴書房）の〈SFベストセラーズ〉（98頁）と秋元書房の秋元文庫（112頁）があった。

〈SFベストセラーズ〉が原作となったものに筒井康隆『時をかける少女』（『タイム・トラベラー』）、石山透『続タイム・トラベラー』（正確にはドラマのノベライズ）、眉村卓『なぞの転校生』、光瀬龍『明日への追跡』『消えた町』（『その町を消せ』）、石川英輔『ポンコツロボット太平記』があり、秋元文庫が原作となったものに眉村卓『なぞの転校生』『地獄の才能』（『未来からの挑戦』）、光瀬龍『その花を見るな！』（『その町を消せ』）がある（大木圭『どっちがどっち』は秋元文庫で読んでいた）。

そのほかにも〈NHK少年ドラマシリーズ〉の原作はあり、それらを求めて書店を徘徊したものだ。ジュヴナイルSFが好きで〈NHK少年ドラマシリーズ〉を観る、それを機会にジュヴナイルSFを読む。そしてさらにジュヴナイルSFに夢中になる。〈NHK少年ドラマシリーズ〉とジュヴナイルSFはそんな関係だったのだ。

（大橋博之）

c 秋元書房〈秋元文庫〉『なぞの転校生』眉村卓。初版 昭和55年。［絵］依光隆。未来の少年がタイムマシンで現代にやってくるという、『夕ばえ作戦』と逆の設定で書かれた作品。

d 秋元書房〈秋元文庫〉『その花を見るな！』光瀬龍。第5刷 昭和53年。［絵］依光隆。〈NHK少年ドラマシリーズ〉『その町を消せ』は、『その花を見るな！』と『消えた町』の両方を原作としている。

SFバックス（全3巻）すばる書房盛光社　昭和49

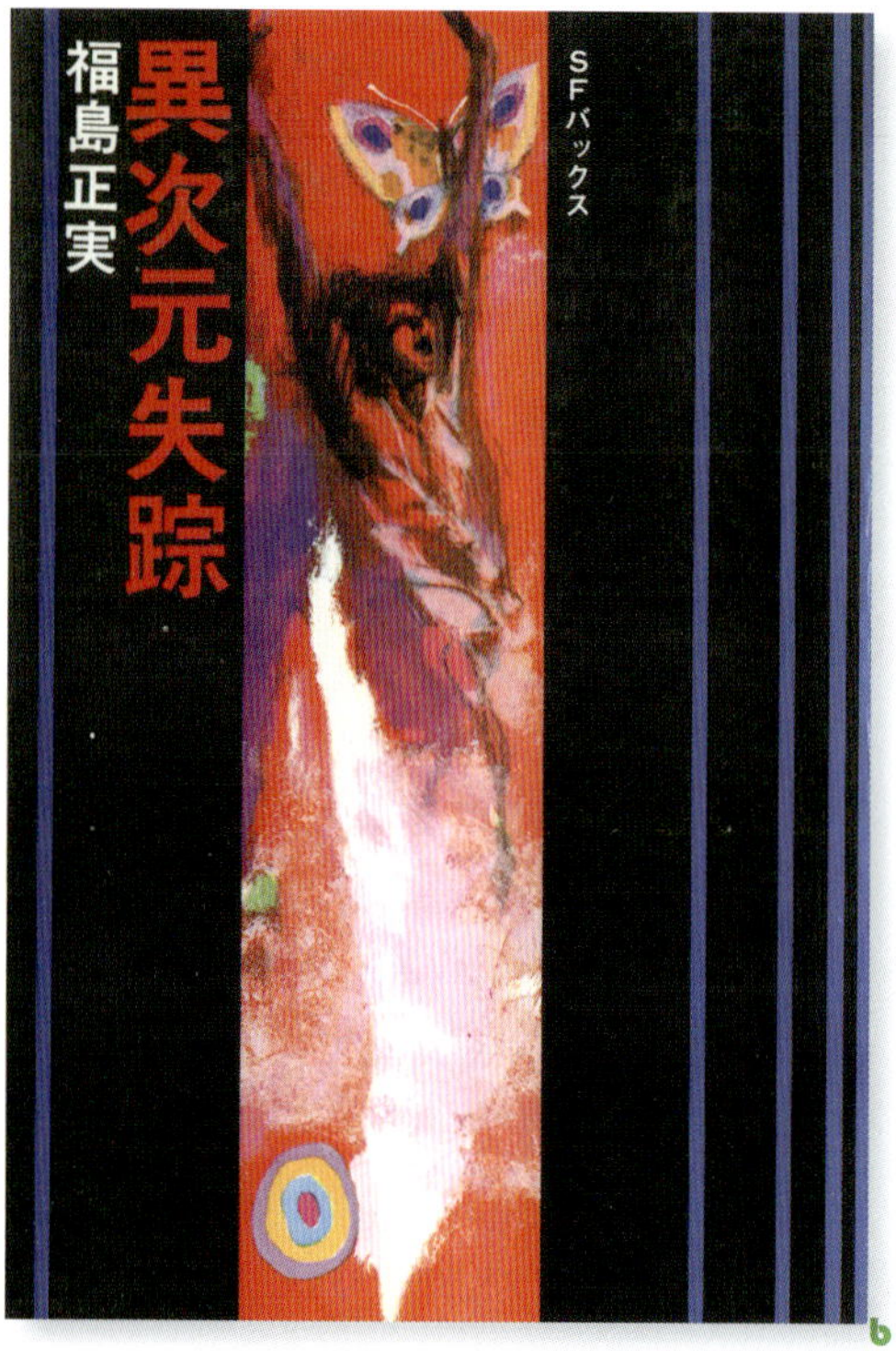

〈SFベストセラーズ〉（98頁）から三作品をピックアップしてスタートしたシリーズ。予告に小松左京『宇宙漂流』があるが未刊。〈SFベストセラーズ〉の焼き直しではなく、新しいラインナップを揃えようとしたようだ。すばる書房盛光社も親会社は鶴書房。

各巻の「あとがき」は〈SFベストセラーズ〉と同じものだが、作者の心情的な文章が綴られていて興味深い。眉村卓「現在の至らなさを、過去に規範を求めて戻ろうとするのは、やはり、無理があるのではなかろうか？　われわれが、もしも未来というものを考えようとするのなら、既往に求めるのではなく、より高い、より困難な方向に求めるのが本当ではないのだろうか？　といってもその未来とて、あり得るのかどうか分らないような、そんな世の中になっているのも事実であるが……」。

a 『ねじれた町』眉村卓。第2刷 昭和49年。［絵］柳柊二。
b 『異次元失踪』福島正実。初版 昭和49年。［絵］中山正美。
c 『明日への追跡』光瀬龍。初版 昭和49年。［絵］中山正美。

SF恐怖シリーズ（全6巻） 秋田書店 昭和49～50

b

a

d

c

a 第2巻『縮小人間／ミクロの恐怖』R・マシスン／各務三郎訳。初版 昭和49年。［絵］伊藤展安。原作は『縮みゆく人間』。
b 第4巻『脳人間／呪われた怪実験』C・シオドマック／大伴昌司訳。初版 昭和50年。［絵］境木康雄。
c 第5巻『地底人間／秘密の怪獣境』E・R・バローズ／南山宏訳。初版 昭和50年。［絵］斉藤寿夫。原作は『地底世界ペルシダー』。
d 第6巻『巨大人間／悪魔の作戦』K・ロブソン／安竜二郎訳。初版 昭和49年。［絵］伊藤展安。原作は『ドック・サヴェジ 魔島』。

「怪奇、スリル、冒険！　少年少女向け世界のSF恐怖傑作を特選！」がキャッチフレーズ。

『火星の合成人間』E・R・バローズ／南山宏訳。初版 昭和50年。［絵］武部本一郎。
「火星大将軍ジョン＝カーターを襲う奇怪な一群。彼らは不死身の合成人間だった！」（広告より）

日本SF作家で構成された〈SFベストセラーズ〉（98頁）と同じシリーズ名だが、こちらは翻訳物で構成されている。また装幀のデザインが違うことから別のシリーズとした。

福島正実は「はじめに」で、科学・技術の時代に生きている僕たちは、科学・技術の助けなしには生活していけない。だからこそ、その科学・技術をコントロールしなければ、逆に僕たちをしばりつけ、奴隷にしないともかぎらない、恐ろしいほどの力を持っていると書く。そして、だからといって科学・技術を捨てるわけにはいかない。ならば「このむずかしい時代を生き抜いていくことこそ人類に与えられた使命だ、といってもいい。SFは、こうした運命や使命について、人間について、科学について、多くのことを考えさせてくれます。このシリーズは、その意味で、きみたちの明日のエネルギー源になるはずです」と、現代にも通じるSFの持つ力を高らかに歌い上げている。

a 『ヤンキーの夢の冒険』M・トウェーン／内田庶訳。第2刷 昭和51年。［絵］中山正美。原作は『アーサー王宮廷のコネチカット・ヤンキー』。「イギリスの騎士道時代にタイムスリップしたぼくは、科学知識を使って迷信に挑戦した」（広告より）

b 『金星のなぞ』P・ムーア／塩谷太郎訳。初版 昭和51年。［絵］依光隆。「金星基地に突発した大爆発で大気浄化装置が破壊された。未知の惑星に展開する救出作戦」（広告より）

c 『星の征服者』B・ボバ／福島正実訳。第2刷 昭和52年。［絵］金森達。「宇宙の彼方からの侵略者マスターズ人を迎え撃つ地球防衛軍。壮烈な宇宙戦争が展開する」（広告より）

第16巻『星からきた探偵』クレメント／内田庶訳。初版 昭和51年。［絵］横尾忠則。

b

a

d

c

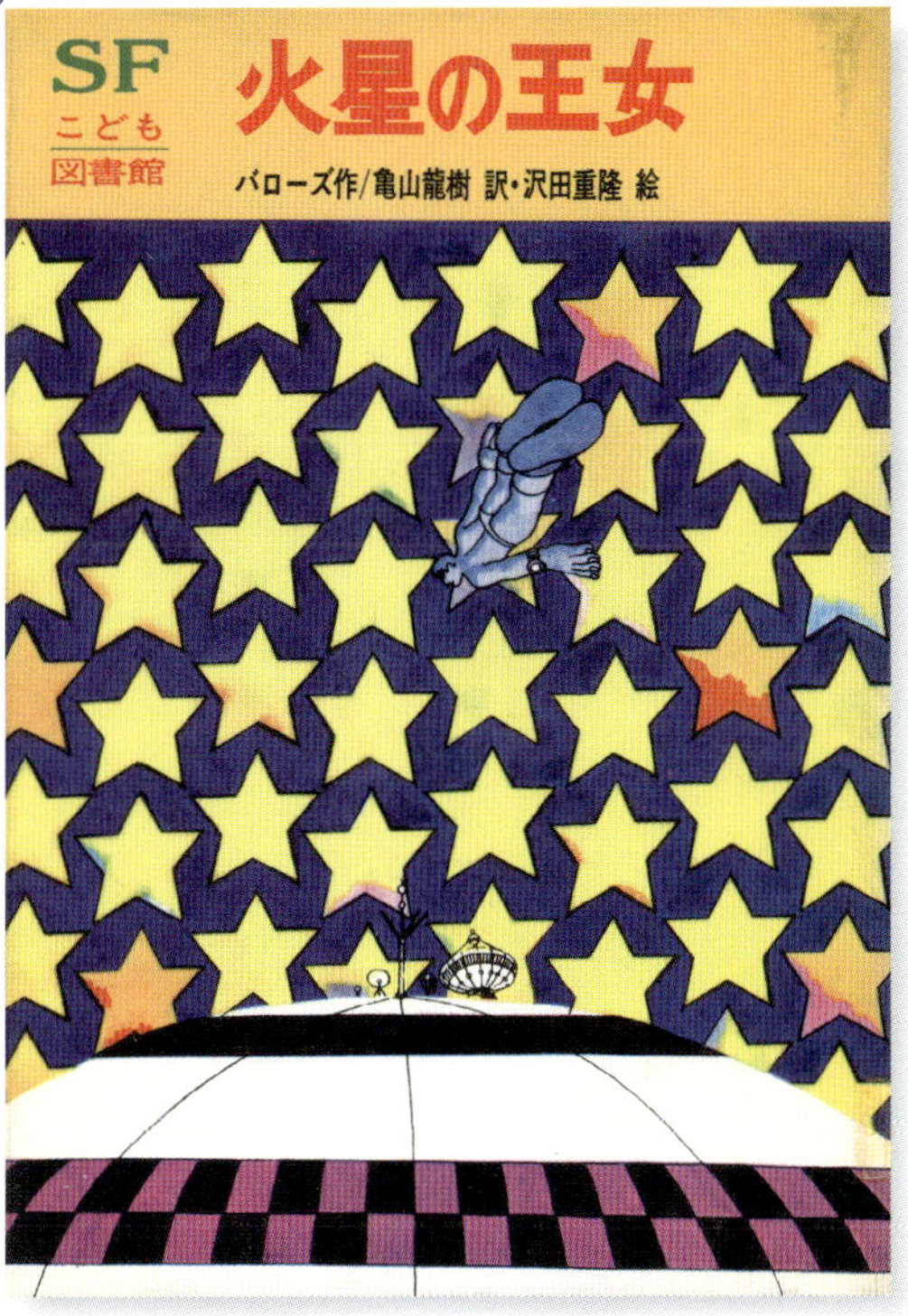

a　第3巻『深海の宇宙怪物』ジョン・ウィンダム／斎藤伯好訳。初版 昭和51年。［絵］長新太。原作は『海竜めざめる』。
b　第5巻『地底探検』ベルヌ／久米元一訳。初版 昭和51年。［絵］田名網敬一。原作は『地底旅行』。
c　第8巻『火星の王女』バローズ／亀山龍樹訳。初版 昭和51年。［絵］沢田重隆。原作は『火星のプリンセス』。
d　第10巻『逃げたロボット』デル・レイ／中尾明訳。初版 昭和51年。［絵］三輪滋。

b

a

d

c

a　第11巻『異星人ノーチラス』ドレツァール／松谷健二訳。初版 昭和51年。［絵］風間史朗。
b　第17巻『時間けいさつ官』レイ・カミングス／南山宏訳。初版 昭和51年。［絵］伊坂芳太良。原作は『時の塔』。
c　第18巻『合成人間ビルケ』ベリヤーエフ／馬上義太郎訳。初版 昭和51年。［絵］井上洋介。原作は『ドウエル教授の首』。
d　第20巻『恐竜一億年』マースティン／福島正実訳。初版 昭和51年。［絵］田名網敬一。

〈SF世界の名作〉（48頁）の再刊シリーズ。『超人部隊』が『超能力部隊』に、『火星のジョン・カーター』が『火星の女王』へと、いくつか改題されている。二六巻『戦うフューチャーメン』は『コメット号時間作戦』とされたが、後にNHKでアニメ放送されたことから『キャプテン・フューチャー』に再改題された。

タイトルのデザインは違うが、カバー絵と挿絵は〈SF世界の名作〉と同じ。が、〈SF世界の名作〉の本文は二色刷だったのに対し一色に変更されている。また〈SF世界の名作〉の当時、新人だったイラストレーターが一〇年の時を経て有名イラストレーターに成長しており、輝きが増している。

福島正実「こどもたちがやがて大人になったとき、楽しくなつかしい思い出となる本が、このなかに、かならず、何冊かあるにちがいない」。

第22巻『海底パトロール』クラーク／福島正実訳。初版 昭和51年。［絵］松永謙一。原作は『海底牧場』。

挿絵画家列伝 Illustrator's File 12

横尾忠則

よこお・ただのり

横尾忠則は昭和一一年六月二七日、兵庫県に生まれた。

幼い頃から絵本の模写をしていたという。

昭和二七年、兵庫県立西脇高等学校に入学。通信教育で挿絵を学び、油絵やポスター制作をする。郵便局員志望だったが教師の勧めから東京の美大受験も考えた。が、結局、地元の印刷所に就職することとなる。地元の商店の包装紙のデザインを手掛けたことで、新聞社に引き抜かれる。

昭和三一年、神戸新聞社へ入社。

昭和三五年、日本デザインセンターに入社。

昭和三九年、宇野亜喜良、原田維夫と「スタジオ・イルフィル」を結成（翌年、解散）。

昭和四二年、寺山修司の「天井桟敷」に参加。ニューヨーク近代美術館に作品がパーマネントコレクションされる。

〈SF世界の名作〉『宇宙人デカ』を手掛けたのはこの年（昭和五一年、〈SFこども図書館〉『星からきた探偵』として再刊。表紙のイラストは同じもの。108頁）。こうして時間軸で並べてみると『宇宙人デカ』を手掛けた時期は、横尾がその独特な個性を発揮しはじめる直前だとわかる。『宇宙人デカ』を飾る奇抜なイラストは、横尾らしいテイストで溢れている。今ではありえない、まさに奇跡の一冊といえるだろう。

昭和四五年、《少年マガジン》の表紙構成を担当。九冊を手掛けた。起用は大伴昌司の発案による。なかでも、連載マンガ「巨人の星」の星飛雄馬を題材とし、横尾らしくデザインされたスミ一色刷りの表紙は、センセーションを巻き起こした。

その後の足取りを簡単に追ってみる。

昭和四七年、ニューヨーク近代美術館で個展を開催。昭和四九年、カメラマン・篠山紀信とインドへ旅行する。この後何度もインドを訪れるようになり精神世界に興味を深める。

昭和五六年、渋谷西武で大規模な個展を開催。昭和五七年、南天子画廊でペインティングの近作をまとめた個展を開催。画家としての活動が活発になっていく。

その画業によって数々の賞を受賞。日本を代表するイラストレーター、画家としての地位を不動のものにしている。

SF

秋元文庫 秋元書房／ソノラマ文庫 朝日ソノラマ

c

b

a

e

f

d

a 〈秋元文庫〉『二十四時間の侵入者』眉村卓。第6刷 昭和52年。［絵］依光隆。
b 〈秋元文庫〉『天才はつくられる』眉村卓。第14刷 昭和53年。［絵］依光隆。
c 〈秋元文庫〉『真昼の侵入者』福島正実。初版 昭和50年。［絵］依光隆。
〈秋元文庫〉のSFは依光隆の絵でカバーを統一している。ちなみに、少女向け作品は みつはしちかこ で統一。

d 〈ソノラマ文庫〉『宇宙戦艦ヤマト』石津嵐。第7刷 昭和51年。［絵］箕輪宗廣。
e 〈ソノラマ文庫〉『連帯惑星ピザンの危機』高千穂遙。初版 昭和52年。［絵］安彦良和。
f 〈ソノラマ文庫〉『ミスター・サルトビ』宮崎惇。初版 昭和51年。［絵］古田郁也。
〈サンヤングシリーズ〉収録作の文庫化をベースにスタート。〈秋元文庫〉と〈ソノラマ文庫〉はライトノベルの源流ともいわれている。

SFシリーズ（全4巻）インタナル出版部　昭和52

b

a

d

c

a　『死霊の王国』加納一朗。版数記載なし 昭和52年。［絵］加藤直之。［装幀］徳野雅仁（以下同）。
b　『SOS東京』山村正夫。版数記載なし 昭和52年。［絵］小笠原論。
c　『みどり色の目』宮崎惇。版数記載なし 昭和53年。［絵］中野ヒロム。
d　すばる書房『北極シティーの反乱』小隅黎。版数記載なし 昭和52年。［絵］宮武一貴。

インタナル出版部から刊行された後、背とカバー裏のデザインだけ変えたものが、発行所・インタナル出版部／発売所・すばる書房として刊行されている。

懐かしい未来へ

池澤春菜

集英社〈ジュニア版・世界のSF〉

Guest Essay

一番最初に読んだ本の記憶はもちろんないけれど。

自分の人生の中で、何か一つ衝撃的な出会いを、と言われたら、どう考えても本だと思う。

世界がいくつもいくつも、目の前に開けたような衝撃だった。

ページを開けばそこに見知らぬ世界がある。

行ったことがない国も。

出会ったことがない時代も。

なにもかもが、そこにある。

大人の本も子供の本も関係なく、活字だったらなんでもいいのだ。読めない漢字は読み飛ばすか、自己流で読んだ。だから、樋口一葉は「おけぐちいっぱ」。それでも、漢字は凄い。繋がりで何となくの意味はわかってしまう。

あらゆる時間を使って、飲み込むように。呼吸と、食事と、睡眠と、読書が同じくらいの重要度だったかもしれない。普通の人が読書に費やさないだろう隙間も、私にとっては一文字でも多く活字を取り込むための時間。

ご飯を食べる時間も、学校に行く通学路も、授業中も休み時間も、給食の時間も、お風呂もトイレも。片時も本を手放さず、読めるだけ読んだ。当時、私の母が担任の先生に「うちの子は本を読みすぎるんです。取り上げても取り上げても読むんです。どうしたらいいでしょう」と相談し、本を読まない子供を持つお母さんから何とも言えない目で見られた、らしい。

でも、本を読んでいる間の完璧な幸せを、完璧な充足感を、他の何に換えられましょうや。

そんな私に訪れた第二の衝撃。

SF。

そうか……未来にも行けるのか!!

初めてのSFは書庫の奥、父の蔵書の中のハヤカワ・サンリオ・創元の御三家。私の人生における最も重要なトリコロール!!

SF者だった父の蔵書は、重度の活字中毒を重度のSF中毒にするに充分なラインナップで、とにもかくにも活字だったら何でも丸呑みにしていた私は、こうして生涯にわたる好物を見つけたのでした。


ファンタジー大好き。

ミステリも好き。

児童文学もとても好き。

冒険小説も、伝記物も、歴史物も、ホラーも好き。

でもSFは格別に好き。

だって、SFは可能性の文学だから。

常識や限界を取り去って、こうなったら面白いな、と思う全てが実現できる、それがSF。未来を舞台にしているから、ではなく、目的に至る手段を模索していった結果、未来にたどり着いてしまっただけ。

だから、SFはこんなにも楽しい。

冒頭の言い回しを借りるなら、
行ったことがない星にも。

行ったことがない時代も（これはそのままでいいか）。

出会ったことがない異星や次元の人々にも。

想像力の及ぶ限り、先へ、前へ。

人の心が思い描ける全てがそこに。


ただ、悲しいかな、SFは現実に追いつかれつつあります。

21世紀になっても、車は空を飛んでないし、人々の毎日の食事はカプセルじゃないし、すらっとした美男美女が銀色の全身タイツを着て月面都市を歩いたりしていないし、異星人は姿を現さなかった。

かわりに環境問題や、資源や、人口や、いろいろな問題が少しずつ見えてき始めている。

世界は小さくなった。

宇宙は空っぽだった。

私たちがいつか出会うことを夢見ていた友達は、この宇宙にはいないのかもしれない。

誰も知らない、や、誰も見たことがない、はもうほとんど残されていない。

現実が見えてきてしまった分、夢を見るのが難しくなるのは、私たちが大人になっていくのと似ているかも。

でも、大人になることも、大人になってから子供の頃の夢を思い出すことも、必要なこと。

大人には大人にしかできない形での夢の見方もある。

今だからこそ、あの可能性に満ちていた時代、良くわからないエネルギーと、トンデモ理論と、ピッカピカのガジェットとアイデア、夢と希望とワクワクと勢いを目一杯詰め込んだあの時代に戻らないと。


この本を読み終わった夜見るのは、きっと銀色タイツを着た自分が、光線銃を手に、謎の宇宙生物に満ちた宇宙を所狭しと暴れ回る、流線型な夢。

明日の朝起きた私たちの目は、あの時と同じように輝き、世界もまた輝きを取り戻しているはず。

少年少女21世紀のSF（全10巻）金の星社　昭和52～55

b

a

d

c

a　第1巻『チタンの幽霊人』瀬川昌男。重版 昭和49年（誤記か?）。［絵］依光隆。
b　第4巻『超人間プラスX』小隅黎。重版 昭和49年（誤記か?）。画家不明（「上矢津」とあるが誤記）。
c　第9巻『テミスの無人都市』草川隆。第10刷 昭和59年。［絵］武部本一郎。
d　第10巻『火星地底の秘密』瀬川昌男。第14刷 昭和63年。［絵］岩淵慶造。〈読売少年少女新聞〉に連載された「わんぱく火星旅行」をまとめたもの。

〈少年少女21世紀のSF〉（63頁）を函入からカバー装に変えた再刊シリーズ。表紙とカバーは新しいイラストを使用。ただし、中身は挿絵を含めてほぼ同じの異装版。

SF傑作短編集（全16巻）三省堂 昭和52

b

a

d

c

a 第2巻『幽霊ロボット』矢野徹。初版 昭和52年。［絵］武部本一郎。
b 第7巻『消えた人々のゆくえ』M・ラインスター／亀山龍樹訳。初版 昭和52年。［絵］金森達。
c 第10巻『盗まれた東京』矢野徹。初版 昭和52年。［絵］依光隆。
d 第11巻『超能力ゲーム』福島正実。初版 昭和52年。［絵］中山正美。

〈三省堂らいぶらりい〉第一期として16巻が刊行された。国内外作家のジュヴナイルSFの短編をまとめたシリーズ。『消えた人々のゆくえ』は表題以外にも「ロボット自動車そうどう記」（アジモフ）「地球救助隊」（クラーク）などが収録されている。

少年SF・ミステリー文庫（全20巻）国土社 昭和57～58

第18巻『未来からきた暗殺者』P・ヒース／福島正実訳。第4刷 平成2年。［絵］横山宏。
「ケネディー大統領暗殺事件の、真相をさぐる少年からの電話は、ぷつりときれた。（略）未来人アダムの協力をえて、正体不明の暗殺者のはなつ魔の手に、決然とたちむかう、ジェイソンだったが……」（広告より）

シリーズ名の通りSF（偶数巻）とミステリー（奇数巻）が混在している。また、SFの背はタイトルが紺色で、水色を基調とした配色。そこにSFのマークを置いている。これに対し、ミステリーの背はタイトルが赤で、赤を基調とした配色にミステリーのマークがある。全巻揃えて並べると水色と赤色が交互に並び、SF、またはミステリーだけで集めるとそれはそれで統一されて見えるのでなかなか面白い。キャッチフレーズは「ハラハラ、ドキドキ　まんがを超えるおもしろさ」。

このシリーズは後に〈海外SFミステリー傑作選〉（昭和五七～五八）として再刊されている。A5判と大きくなっているが、B6判の〈少年SF・ミステリー文庫〉を拡大、文字と挿絵がそのまま大きくなっている。ただ、全巻、カバーのイラストは同じものを流用し、タイトルだけを変えたデザインである。

a　第4巻『宇宙船スカイラーク』E・E・スミス／内田庶訳。第4刷 昭和62年。［絵］木野武。原作は『宇宙のスカイラーク』。
b　第6巻『宇宙の侵略者』J・ウィリアムスン／福島正実訳。第4刷 平成元年。［絵］藤沢友一。原作は『ヒューマノイド』。
c　第20巻『宇宙大激震』M・ラインスター／福島正実訳。第3刷 昭和63年。［絵］山本利一。原作は『宇宙震』。

ポプラ社のSF冒険文庫（全10巻）ポプラ社 昭和59～60

第1巻『銀河戦士レンズマン』E・E・スミス／瀬川昌男訳。第2刷 昭和59年。［絵］高荷義之。
原作は『銀河パトロール隊』。プラモデルのボックスアートで有名な高荷義之がカバーイラストを担当。

b

a

c

E・E・スミス〈銀河戦士レンズマン〉シリーズ四冊に、ダグラス・ヒル〈宇宙戦士キール・ランダー〉シリーズ四冊、そしてE・ハミルトン『スターキング銀河大決戦』、J・ウィリアムスン『時をかける宇宙遊撃隊』が加わる。スペースオペラを中心としたシリーズ。広告などを見ると元々は〈銀河戦士レンズマン〉シリーズと〈宇宙戦士キール・ランダー〉シリーズのみで構成される予定だったようにみえる。また〈銀河戦士レンズマン〉シリーズのイラストは一巻のみ高荷義之。残りは梅田紀代志。〈宇宙戦士キール・ランダー〉シリーズのイラストはすべて中西立太が担当している。『スターキング銀河大決戦』のイラストは童画で名高い若菜等が手掛けているのが珍しい。

キャッチフレーズは「宇宙を舞台にくりひろげられる、スリルとスピードにみちた冒険物語!!」。

a 第3巻『レンズマン対宇宙海賊』E・E・スミス／瀬川昌男訳。初版 昭和59年。［絵］梅田紀代志。原作は『銀河パトロール隊』。

b 第8巻『最後の惑星戦争』ダグラス・ヒル／真崎義博訳。初版 昭和60年。［絵］中西立太。「キール・ランダーは、宇宙最強の惑星といわれたモーローズのたったひとりの生き残りだ。モーローズを滅ぼした敵をさがして銀河を旅している。敵をみつけ、叩き潰す。それがキールの仕事なのだ」(広告より)

c 第10巻『時をかける宇宙遊撃隊』J・ウィリアムスン／榎林哲訳。初版 昭和60年。［絵］今井宏昌。

SFロマン文庫（全30巻）
岩崎書店 昭和61

第17巻『日本のSF短編集 超世界への旅』福島正実編。初版 昭和61年。［絵］斎藤和明。
収録作品○福島正実「遠くはるかに」、眉村卓「少女」、光瀬龍「あばよ！ 明日の由紀」、石原藤夫「無抵抗人間」、中尾明「色をなくした町」、北川幸比古「わたしたちの愛する星の未来は」、矢野徹「サイボーグ」、福島正実「白いラプソディー」、眉村卓「ぼくたちは見た！」、福島正実「悪魔の国から来た少女」

b

a

c

〈SF少年文庫〉（86頁）のカバー装タイプをソフトカバー化したもの。全三〇巻の〈SF少年文庫〉がそのまま〈SFロマン文庫〉となって再刊された。ただし、学校図書館向けのため一般書店にはあまり出回ってはいなかったようだ。

また、岩崎書店が刊行してきた往年の名作ジュヴナイルSFが、表紙と挿絵は変わったものの、〈冒険ファンタジー名作選〉（平成一五年／全一〇巻）、〈冒険ファンタジー名作選　第二期〉（平成一六年／全一〇巻）、〈SF名作コレクション〉（平成一七年／全一〇巻）、〈SF名作コレクション第二期〉（平成一八年／全一〇巻）となって刊行された。〈SFロマン文庫〉の作品は〈SF名作コレクション〉で見ることができる。なお、『宇宙の漂流者』は『宇宙のサバイバル戦争』と、『宇宙大オリンピック』は『惑星オピカスに輝く聖火』と改題されている。

a 第2巻『太陽系の侵入者』ポール・フレンチ／塩谷太郎訳。初版 昭和61年。［絵］中山正美。アイザック・アシモフのペンネーム。原作は〈宇宙監視員ラッキー・スター〉シリーズ。
b 第4巻『宇宙人アダム・トロイ』M・パチェット／白木茂訳。初版 昭和61年。［絵］金森達。
c 第5巻『うしなわれた世界』コナン・ドイル／土居耕訳。初版 昭和61年。［絵］金森達。

b

a

d

c

a　第7巻『アーサー王とあった男』マーク・トウェーン／亀山龍樹訳。初版 昭和61年。［絵］斎藤和明。原作は『アーサー王宮廷のコネチカット・ヤンキー』。
b　第10巻『作戦NACL』光瀬龍。初版 昭和61年。［絵］金森達。
c　第11巻『宇宙怪獣ラモックス』R・ハインライン／福島正実訳。初版 昭和61年。［絵］依光隆。
d　第13巻『宇宙の勝利者』G・ディクスン／中上守訳。初版 昭和61年。［絵］武部本一郎。

挿絵画家列伝 Illustrator's File 13

斎藤和明

さいとう・かずあき

斎藤和明は昭和二一年一二月一七日、栃木県に生まれた。本名・斎藤和明（さいとう・かずあき）。

昭和三〇年、東京都に転居。昭和四〇年、東洋商業高等学校卒業。同年、立正大学入学。後、中退。

幼い頃より絵に興味を持ち、中学生の頃はペン画を描いていた。高校では理科研究部に所属。天文学や考古学、超心理学、そしてSFに惹かれた。生来の画才を生かそうと早くから科学美術家を志すようになる。その後マンガ映画会社やいくつかの出版社を転々とした後、フリーとなる。

昭和四四年、《SFマガジン》で挿絵を担当。昭和四五年からは表紙を手掛けるようになり二六回を担当した。初めて表紙を飾った号に「表紙アーティスト紹介」が掲載されている。「濃密なSFムードをもつ宇宙画を得意とし、日本ではまだほとんど未開拓といってよいSF画の分野の確立をめざす将来性ゆたかな新人です」（《SFマガジン》四五年一月号）

昭和四五年、〈ハヤカワSF文庫〉（後の〈ハヤカワ文庫SF〉）がスタート。斎藤はエドモンド・ハミルトン〈スターウルフ・シリーズ〉『さすらいのスターウルフ』を描いた。その後、『さいはてのスターウルフ』『望郷のスターウルフ』、エドガー・ライス・バローズ〈太古世界シリーズ〉『時に忘れられた世界』『時に忘れられた人々』『時の深き淵より』、豊田有恒『火の国のヤマトタケル』『出雲のヤマトタケル』などを手掛けた。

斎藤和明が手掛けたジュヴナイルSFに、『SF入門』（94頁）と〈SF少年文庫〉〈SFロマン文庫〉『超世界への旅』（122頁）がある。『SF入門』は斎藤らしい絵だ。隕石か小惑星をモチーフに、ありえないものを描く。こんな幻想的な世界を創造するのをもっとも得意とする。『超世界への旅』でも同様に不思議なものを配し、誰にでも理解できるSFらしい絵に仕上げている。斎藤の原画を見ると発色のよい色が多く使われていて、その色合いが独特な世界を彩る。印刷ではその色彩が再現できていないのが残念だ。

平成二一年一月五日、逝去。享年六二歳。

a

b

a 第19巻『宇宙大オリンピック』ミルトン・レッサー／矢野徹訳。初版 昭和61年。［絵］武部本一郎。
b 第20巻『フェニックス作戦発令』福島正実。初版 昭和61年。［絵］依光隆。

SF

宇宙島の少年（全5巻）

誠文堂新光社　昭和59

a

b

ジュニアSF選（全5巻別巻1）

草土文化　昭和62

c

d

a　第I巻『核爆弾をさがせ』中尾明。初版 昭和59年。［絵］金森達。
b　第III巻『宇宙カー・レース』中尾明。初版 昭和59年。［絵］金森達。
《子供の科学》の連載をまとめたもの。第I巻と第II巻はポケットメイツ『宇宙島の少年』(文化出版局）として再刊された。

c　『呪われた翼』横田順彌編。初版 昭和62年。［絵］井江栄。
d　『果てしなき多元宇宙』横田順彌編。第3刷 平成6年。［絵］磯野宏夫。
横田順彌編のアンソロジー。編者による作家紹介に知られざるエピソードがチラリと書いてあるのが楽しい。

第4展示室　Exhibition room　4

ヴェルヌとSF童話の世界

《驚異の旅》と名付けられたジュール・ヴェルヌの作品は、世界各地を巡る旅から、地底や海底、さらには宇宙にまで至る、科学的想像力に満ちた冒険で子供たちを魅了した。「SFの父」ヴェルヌ作品を、幼年齢の読者を対象とした新しいジャンル、SF童話とあわせて紹介する。

学習研究社〈少年少女ベルヌ科学名作〉第2巻『月世界旅行』ベルヌ／矢野徹訳。昭和44年。［函絵］池田龍雄。

第1巻『月世界旅行』塩谷太郎訳。第8刷 昭和41年。［絵］小松崎茂。

シリーズの表紙は小松崎茂と白井哲が担当。表紙と裏表紙は続きものの一枚絵で描かれている。見開きのカラー口絵が付いているのが豪華。巻末に「ベルヌの生涯」（全巻同じもの）と作品解説が付いている。

a

c

b

a　第6巻『地底の探検』江口清訳。初版 昭和34年。［絵］小松崎茂。原作は『地底旅行』。
b　第4巻『十五少年漂流記』那須辰造訳。第8刷 昭和41年。［絵］白井哲。原作は『二年間の休暇』。
c　第8巻『空飛ぶ戦闘艦』白木茂訳。第6刷 昭和41年。［絵］白井哲。原作は『征服者ロビュール』。初版時の『空中艇アルバトロス号』から改題。ほかにも第11巻『大秘境の冒険』は『難破船』と後に改題されている。またその際、表紙は武部本一郎に変わった（ただし、クレジットは白井哲のまま）。

少年少女ベルヌ科学名作全集（全12巻）

学習研究社　昭和39

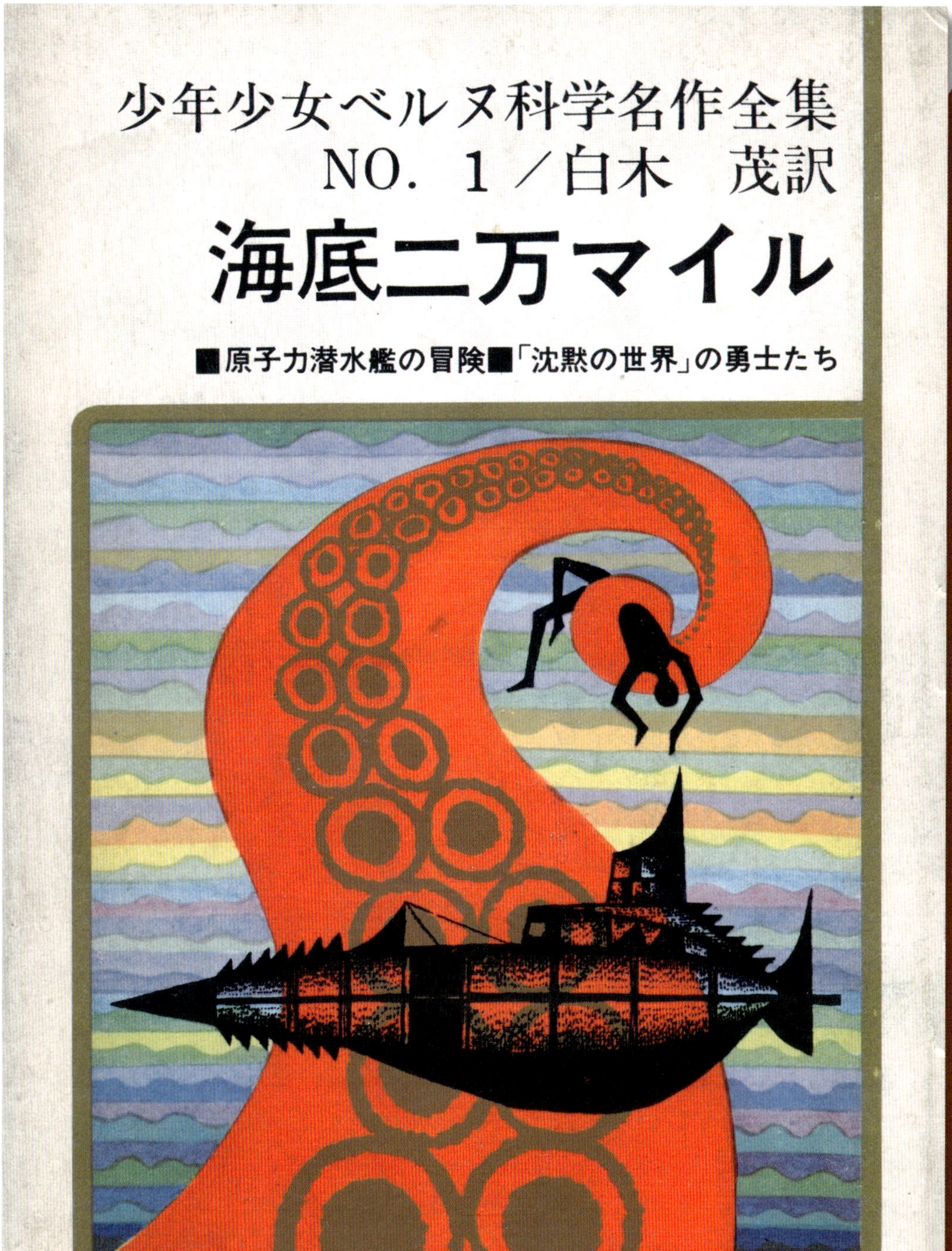

第1巻『海底二万マイル』白木茂訳。初版 昭和39年。［函絵］清水耕蔵。原作は『海底二万里』。

科学的テーマを持つ作品で構成したシリーズ。小説の他にヴェルヌの紹介、グラビア、科学解説、そしてヴェルヌの夢の実現をたどる科学ノンフィクションも収録。子供たちに科学小説の面白さを伝え、科学への興味を抱かせることがコンセプト。

b

a

d

c

a　第2巻『月世界旅行』矢野徹訳。初版 昭和39年。［函絵］清水耕蔵。
b　第3巻『地底の探検』保永貞夫訳。初版 昭和39年。［函絵］清水耕蔵。原作は『地底旅行』。
c　第9巻『砂ばくの秘密都市』塩谷太郎訳。初版 昭和39年。［函絵］画家記載なし。原作は『サハラ砂漠の秘密』。これが本邦初訳。このシリーズでは他にも『北極冒険旅行』『うごく島の秘密』が初訳。
d　第10巻『悪魔の発明』福島正実訳。初版 昭和39年。［函絵］清水耕蔵。

ヴェルヌの世界

ジュール・ヴェルヌはフランスが誇る、誰もが知る偉大な小説家だ。H・G・ウェルズとともにSFの父と呼ばれている。一八二八年二月八日、フランス西部のナントの生まれ。家はロワール川の中州にあるフェイドー島にあった。いまも生家はあるが、中州は埋め立てられており島ではなくなっている。

十一歳の夏にシャントネーの別荘（いまも現存する）を抜け出すと、初恋の相手である従姉のカロリーヌに珊瑚の首飾りをプレゼントしようと、西インド諸島に向かう帆船コラリー号に乗り込んだ。しかしそれはすぐに父親の知ることとなり、最初の寄港地で連れ戻される。このとき父親に「もう空想の中でしか旅をしません」と約束したという。この逸話はヴェルヌの伝記の中に必ずといっていいほど登場する。が、その信憑性は疑わしいとされている。出典はヴェルヌの最初の伝記、マグリット・アロット・ド・ラ・フュイ『ジュール・ヴェルヌ　その生涯と作品』（一九二八年）。ヴェルヌの姪にあたる作者は、印象深いエピソードを書く名手といわれており、コラリー号事件やその際の約束、また「誰かに想像できることは、別の誰かによって実現可能である」という名言などは、彼女の創作ではないかと考えられている。

弁護士の父親は家業を継がせるためヴェルヌに法律を学ばせようとするが、パリに出るとユゴーやデュマに心酔し、劇詩や芝居の台本を書いた。学位論文は書きあげたが、デュマ父子と知り合ったことで弁護士になる道は捨て、劇場に入り浸るようになる。いくつかの喜劇などが上演されたが、得られる収入はさほどでもなく、公証人の秘書や株式仲買人として働いた。やがて演劇から小説へと移り、数作の小説を発表した。

転機となったのは、写真家のナダールと出会ったことだった。ナダールの気球・巨人号が彼にインスピレーションを与え、それが『気球に乗って五週間』を書く切っ掛けとなった。

あかね書房〈少年少女世界SF文学全集〉
第14巻『海底二万リーグ』ジュール・ヴェルヌ／榊原晃三訳。
第3刷　昭和48年。［函絵］佐竹政夫。

その『気球に乗って五週間』の草稿を読んで高く評価したのが、編集者のピエール＝ジュール・エッツェルだった。児童図書の出版に乗り出していたエッツェルは、一八六三年に本書を刊行。するとこれが大ベストセラーとなり、一躍ヴェルヌは流行作家となった。

ヴェルヌが死去したのは一九〇五年三月二十四日。〈驚異の旅〉と呼ばれる、海底や地底や宇宙を旅する小説を約六十作も残した。

翻訳権の制約を受けないヴェルヌの作品は自由に出版ができたため、児童図書出版に大きなメリットをもたらした。科学に興味を持つ子供たちに読ませるSFとして、ヴェルヌは最適だったからだ。しかも『地底旅行』や『海底二万マイル』など、優れた作品が数多くあり、それらを集めただけでシリーズとして成立する。そのためヴェルヌだけを集めたシリーズもいくつか刊行された（なかにはジュヴナイルでしか翻訳されていない作品もある）。また、それ以外のジュヴナイルSFのシリーズにおいてもヴェルヌのネームバリューは絶大だった。まさに金の鉱脈のようなコンテンツだったのだ。

（大橋博之）

SF ベルヌ名作全集（全15巻）偕成社 昭和43～44

b

a

c

「ジュール＝ベルヌの年表」が付いているのがユニーク。また、巻頭では「ベルヌの作品を読んで 科学界権威者のことば」として、ヴェルヌ作品に影響を受けた四人の科学者の言葉を紹介している。K・E・ツィオルコフスキーは『月世界旅行』を読んだことで人工衛星やロケットの理論と取り組むようになった。シャルル＝リシェは『気球に乗って五週間』から航空機関係の仕事にたずさわろうと決心した。フォン・ブラウンは『月世界旅行』に感心したことで宇宙旅行をしたいと願い、ロケット研究に打ち込んだ。糸川英夫は東京大学でロケットの研究を始めた頃、『海底二万マイル』の映画化されたものを見たことで「その空想力のすばらしさにまったく驚嘆し、魅せられ、それ以来ベルヌの小説を読むようになりました。わたしがこれから海洋開発にとりくむのも、この影響が非常に大きいと思っています」と語っている。

a 第5巻『謎の空中戦艦』久米穣訳。初版 昭和43年。［函絵］司修。原作は『征服者ロビュール』。
b 第7巻『黒いダイヤモンド』塩谷太郎訳。初版 昭和43年。［函絵］司修。原作は『黒いインド』。
c 第13巻『青い怪光線』久米元一訳。初版 昭和44年。［函絵］司修。原作は『サハラ砂漠の秘密』。

「20世紀科学の偉大な預言者ベルヌ スリルと冒険のSF」がキャッチフレーズ。

少年少女ベルヌ科学名作（全12巻）学習研究社 昭和44

第1巻『海底二万マイル』白木茂訳。版数記載なし 昭和44年。［函絵］池田龍雄。

「科学の芽をのばし、夢をそだてる科学小説」がキャッチフレーズ。

b

a

c

〈少年少女ベルヌ科学名作全集〉（130頁）の再刊で、ラインナップも同じ。函や表紙、目次など、部分的に新しくなっているところもあるが、口絵と本文はそのまま流用されている。「はじめに」でお茶の水女子大学教授・文学博士の波多野完治は、端的にヴェルヌ作品の魅力を評している。「ベルヌの作品には、二つの大きな点で、ほかの空想科学小説にないよさがあります」とし、ひとつは「ベルヌは作品のなかで、未来をばくぜんと夢みたのではなく、ありありと予測した」こと。そしてもうひとつは「どの作品も、あたたかい人間愛の精神と、強い正義感にささえられている」と書いている。そして「空想は、人間にだけあたえられた特権です。そしてそれは未知の世界の扉をひらくカギでもあります。あなたが、若い空想の翼を、二十一世紀の空にむかってのばすとき、ベルヌのこの全集が、なによりもよいみちびきになってくれるでしょう」と結ぶ。

a 第4巻『空飛ぶ戦艦』福島正実訳。版数記載なし 昭和44年。［函絵］池田龍雄。原作は『征服者ロビュール』。
b 第9巻『砂ばくの秘密都市』塩谷太郎訳。版数記載なし 昭和44年。［函絵］池田龍雄。原作は『サハラ砂漠の秘密』。
c 第11巻『北極冒険旅行』白木茂訳。版数記載なし 昭和44年。［函絵］池田龍雄。原作は『ハテラス船長の冒険』。

ボーイズ&ガールズの必須アイテム

SF イラスト入りの文房具

サンスター文具から「象が踏んでもこわれない」のキャッチフレーズで《アーム筆入》が発売されたのは昭和四〇年（一九六五）のこと。テレビコマーシャルでは本当に象に踏ませ、壊れないことを証明して見せた（象がかなり遠慮していたのが印象的だった）。そのインパクトは強烈で「スゲー」と買ってもらう児童が続出。大ヒットとなった。しかし友達に自慢して見せびらかしたのはいいが、「本当に壊れないんだよな」と散々踏まれて壊され（！）泣かされた経験を持つ同年代も多いはず。五〇〇万本以上を売り上げたというが、そのうちの何割かは買い替えが含まれている、かもしれない。

そんな僕たちの時代。今以上にキャラクターグッズが大ブームだった。カバンや水筒、帽子、ハンカチ、靴、茶碗にコップ。身の回りのものすべて、といっていいほどのアイテムに（そうそう、下着もあった）テレビのキャラクターなどのイラストが入っていた。なかでも筆入やノートなどの文房具は、学校では必要なものだけにキャラクターグッズの宝庫だった。

キャラクターの版権は基本的にワンアイテム、一社としか契約できない。つまり、同じキャラクターを別のメーカーの筆入やノートにプリントすることは許されない。そのため、人気のキャラクターを真似た、いわゆるパチモノが存在した。

パチモノはパチモノで奥が深いのだが、それとは別にSF的なイラストの入ったグッズも沢山あった（テレビのキャラクターを使いたいが、版権契約するにはロイヤリティが高いという理由もあったのだろうが）。そうした宇宙や未来をテーマにしたSF風のイラストの入ったアイテムに魅力的なものが多かったといえる。ノンキャラのグッズは、「流行になんか惑わされないよ」と自己主張できる、さりげなくてオシャレなボーイズ&ガールズの必須アイテム（?）だったのだ。

（大橋博之）

創作S・Fどうわ（全9巻）盛光社　昭和42

b

a

d

c

a　『ロケットさくら号のぼうけん』北川幸比古。初版　昭和42年。［函絵］北田卓史。
b　『宇宙からきたかんづめ』佐藤さとる。初版　昭和42年。［函絵］村上勉。
c　『月の上のガラスの町』古田足日。重版　昭和42年。［函絵］鈴木義治。
d　『あしたのあさは星の上』石森章太郎。初版　昭和42年。［函絵］石森章太郎。

佐藤さとるや古田足日といった児童文学作家がSF童話という新しいジャンルで腕を競っている。カラーの挿絵が多数入っているのが豪華。

SFえどうわ（全20巻） 岩崎書店 昭和43〜45

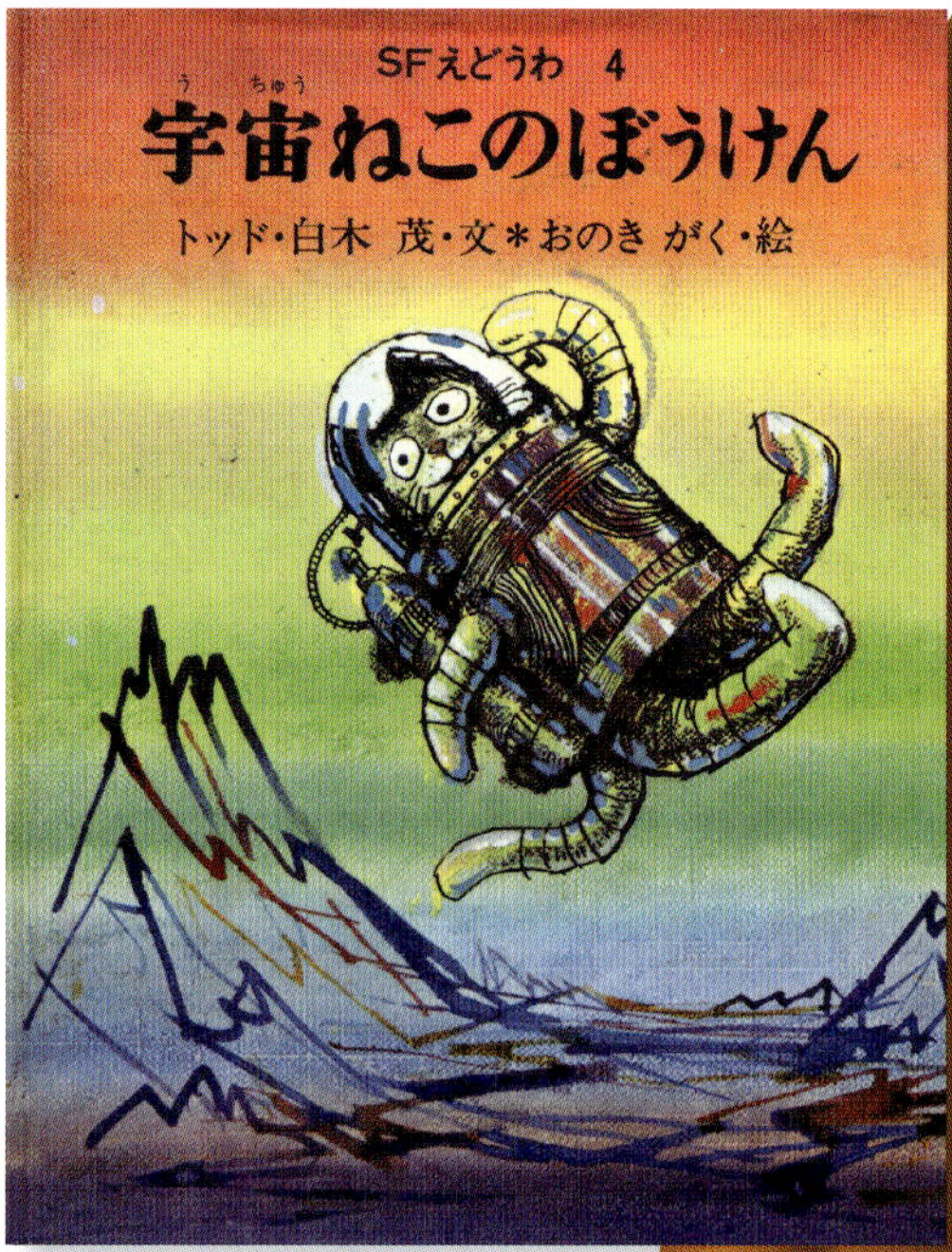

b a

d c

a 第4巻 『宇宙ねこのぼうけん』トッド／白木茂訳。初版 昭和43年。［絵］おのき がく。
b 第5巻 『火星人がせめてきた』ウエルズ／中尾明訳。初版 昭和43年。［絵］野田牧史。原作は『宇宙戦争』。
c 第8巻 『ハンス月へいく』ポー／藤原一生訳。初版 昭和44年。［絵］やなせたかし。原作は「ハンス・プファイルの無類の冒険」。
d 第15巻『ジムの金星旅行』イーラム／塩谷太郎訳。初版 昭和44年。［絵］杉山卓。

〈SFえどうわ〉とあるが絵本ではない。ウエルズの大人向けのSFを童話にしてしまうというのが大胆。「たのしい絵がいっぱいのSF大行進！」がキャッチフレーズ。

SF

創作SFえほん（全12巻）盛光社　昭和44

b

a

c

SFを絵本にするという奇抜な発想で生まれ、「現代の子どもに新しい夢を提供」することを目的として刊行されたシリーズ。

古田足日は「創作SFえほん　について」で、いまの子どもには夢がないと幼児教育の先生方からきくが、それはおとなの思い違いで、「月ロケットが飛ぶ世の中では、月のウサギの話はちょっとむりです」と述べ、「そのかわり、宇宙旅行が、ロボットが、子どもの夢をつくり上げる材料となります」と説明している。確かに、宇宙時代において、月にウサギがいるなどというおとぎ話では、もう子供がすんなりと受け入れるはずはない。そして、「団地のように規格化された生活の中にいて、似たようなテレビ番組を見ていると、夢そのものが規格化されてきます。それを越える豊かな夢――これもこの創作SF絵本シリーズのねらいです」という。児童文学作家の古田がSFが持つ夢の可能性を認めているのが興味深い。

a 『ぞうのなみだ』亀山龍樹。初版　昭和44年。［函絵］福田庄助。
b 『時間の国のおじさん』三木卓。初版　昭和44年。［函絵］井上洋介。
c 『一万人のたまご』谷真介。初版　昭和44年。［函絵］赤坂三好。

日本人作家だけによるシリーズ。「宇宙時代の新しいえほん！」がキャッチフレーズ。

SF童話の世界

〈あたらしい創作童話〉というシリーズがある。このシリーズは幼年に向けたエンターテインメント作品で構成されており、そこにSFも含まれている。北川幸比古『泣くなつちのこ』、中尾明『消えた火星ロボット』などがある（シリーズの代表作はなんといっても矢玉四郎『はれときどきぶた』だろう）。

そして福島正実『こんや円盤がやってくる』もこのシリーズの一冊。

ある日、和彦は友達のよし子に「こんや、八時に西団地のうら山に、空とぶ円盤がくるんだ」と告げる。宇宙人がテレパシーで呼びかけてきたというのだ。和彦は円盤に乗れるとおおはしゃぎ。しかも、「ぼくののぞみをかなえてくれるんだ、宇宙人がね」と言うではないか。そしてその日の夜、よし子は助けを呼ぶ和彦の声をテレパシーで聞く。しかも和彦のお母さんからの電話で和彦が行方不明だと知る。心配するよし子。するとよし子のところへ空とぶ円盤がやってきた。

この『こんや円盤がやってくる』は、福島が亡くなる直前に、小学館の《小学三年生》に三回にわたって連載したもの。童話として刊行したい旨を岩崎書店の編集者が病院にいる福島に申し出たのは、奇しくも亡くなる当日、昭和五一年四月九日の午前中だったという。

岩崎書店〈あたらしい創作童話〉
第8巻『こんや円盤がやってくる』福島正実。第15刷
昭和58年。［絵］中山正美。

福島正実や北川幸比古によって、日本SF作家クラブのジュニア版として少年文芸作家クラブが創立され、昭和四一年に盛光社から刊行された〈ジュニアSF〉は同クラブのメンバーによって作られた。同年、やはり盛光社から〈創作S・Fどうわ〉の刊行がスタート。これが幼年を対象としたSF童話の始まりとなる。SF童話の特徴は、既存のSF作家だけでなく、児童文学の作家もSFを手掛けていることにある。〈創作S・Fどうわ〉では寺村輝夫、佐藤さとる、古田足日といった豪華な執筆者が並ぶ。もちろん、福島正実も『さようならアイスマン』というSF童話で参加している。

その、福島正実の名を冠した文芸賞として《福島正実記念SF童話賞》がある。昭和五八年を第一回とし、平成二三年には第二九回を開催し、現在も続く。児童向けのSFエンターテインメント作品を書ける新人作家の発掘を目的として、少年文芸作家クラブ（現・創作集団プロミネンス）と岩崎書店が、SF童話の懸賞募集として設立したものだ。

福島の名を冠したのは、少年文芸作家クラブを結成し、子ども向けSFエンターテインメントの隆盛を願った福島の思いを継承してのものだという。近年では二〇〇を超える応募数があり、大賞作は単行本として出版されるということもあり、児童文学作家をめざす新人の登竜門のひとつとなっている。簡単に取れる賞ではない。それでも、いまなお、SF童話の中に福島正実は生き続け、新しい作品と作家を育てているのだ。

（大橋博之）

こどもSF文庫（全5巻）フレーベル館 昭和46〜47

b

a

d

c

a　第1巻『うちゅうせんにのるな』山中恒。初版 昭和46年。［絵］油野誠一。
b　第3巻『ももいろの川は流れる』矢野徹。初版 昭和46年。［絵］鈴木義治。
c　第4巻『ひっかかった春』半村良。初版 昭和47年。［絵］安野光雅。
d　第5巻『おちていたうちゅうせん』小松左京。初版 昭和47年。［絵］和田誠。

シリーズ名は〈こどもSF文庫◯宇宙シリーズ〉（◯には巻数が入る）と表紙にはあるが、背、袖などで表記が異なるため〈こどもSF文庫〉とした。カラーの挿絵も入っていて豪華。「夢とユーモアと冒険と」がキャッチフレーズ。

あたらしいSF童話（全20巻）　岩崎書店　昭和58〜62

第13巻『てんぐのめんの宇宙人』白木茂。初版 昭和61年。［絵］馬場のぼる。
〈SFえどうわ〉からの再録。巻末で内田庶が「詩人・白木茂氏の温顔」と題し、児童文学界であまり評価されない白木茂の功績について書いている。

b

a

d

c

a　第3巻『小さな島の大ぼうけん』星谷仁。初版 昭和59年。［絵］ますむらひろし。
b　第6巻『ぼくらのロボット物語』眉村卓。第4刷 平成2年。［絵］西川おさむ。
c　第7巻『へんしんバットのひみつ』久米みのる。第3刷 平成元年。［絵］森やすじ。
d　第14巻『宇宙人スサノオ』内田庶。初版 昭和61年。［絵］金森達。

少年文芸作家クラブ（現・創作集団プロミネンス）編。そのため、作家はクラブの会員がほぼ占めている。また、すでに亡くなってはいたがクラブの中心メンバーだった白木茂、福島正実、亀山龍樹の作品も収録してある。〈SFえどうわ〉から『宇宙海ぞくパプ船長』『てんぐのめんの宇宙人』『宇宙人スサノオ』を再録。

ジュヴナイルSFにおけるイラストの魅力

大橋博之

SF小説の表紙などに描かれたイラストのことをSFアートと呼ぶ。無限の宇宙。ロケットとロボット。そしてヒーローに美女。「SFってなァ、結局のところ絵だねェ」の名言を残したのは作家・野田昌宏だが、確かに一冊のSFとのロマンスは、ふと見かけたその本の表紙を飾る絵に、ゾクゾクと心揺さぶられて手に取った瞬間から始まる。

ここで簡単に挿絵の歴史を振り返ってみよう。

挿絵は小説などの文章に添えられるヴィジュアルというのが定義。挿絵の起こりについて、文芸評論家の尾崎秀樹は著書『さしえの50年』（昭和六二年／平凡社）の冒頭で、〈新聞さしえの先駆者の一人である落合芳幾が、高畠藍泉を主筆として「平仮名絵入」を創刊したのが明治八年、この新聞は後に「東京絵入新聞」となるが、ここで使われている〝絵入〟というのがさしえを意味していたことはいうまでもない〉と書いている。

明治になって、それまでの木版印刷から近代的な洋式活版が導入され、数多くの新聞、雑誌が刊行されるようになる。そこに掲載された小説や記事に絵が付けられたのが挿絵の始まり。つまり挿絵は一点物の絵画（タブロー）とは異なり、印刷され大量に配布されることを前提とした出版美術だといえる。その頃の挿絵は江戸時代から続く浮世絵絵師が手掛けた。

挿絵の黄金期は大正から昭和初期にかけて、だったという。浮世絵の持つリアルさや色気、古くからある日本画、そして明治になって西洋から輸入された新しい表現方法の洋画が混ざり、継承され、この時代に花咲いた。その頃、活躍した印象深い挿絵画家を思いつくままに挙げてみよう。

まず大正ロマンを代表する画家に叙情画の竹久夢二がいる。そして同じく叙情画の蕗谷虹児、中原淳一には甘美な魅力が漂う。流行歌『銀座行進曲』で「華宵好みの君も行く」と歌われるほど人気だった高畠華宵にはあぶないエロチシズムさえ感じる。雑誌《新青年》で江戸川乱歩や横溝正史の挿絵を描いた竹中英太郎のグロテスクな妖しさ。その《新青年》の表紙を長年担当した松野一夫のモダニズム。泉鏡花の装幀で知られる小村雪岱。挿絵界の三羽烏と言われた岩田専太郎、志村立美、小林秀恒など。専太郎が描く美人の厚い唇、腰のライン、漂う色気には今の挿絵にはない甘美さが漂う。

その頃、挿絵画家は花形商売で高額所得者だった。新聞連載を一年も担当すれば家が一軒、楽に買えたのだそうだ。新聞も人気の挿絵画家の絵が載っているか否かで売れ行きが大きく違った。それだけ支払っても採算が取れたということだ。

有名な逸話に「華宵事件」というのがある。大正三年に大日本雄弁会（現・講談社）が創刊した子供向けの雑誌《少年倶楽部》の挿絵に高畠華宵を起用したところ読者が増え、大正一四年には過去最高の売れ行きを記録した。そのため華宵の画料だけは別格扱いにして、華宵から請求してくる額をそのまま支払っていた。だが、その単価が毎月少しずつ上がっていくようになった。たまりかねた編集部は話し合いを持つものの交渉は決裂。華宵は《少年倶楽部》のライバル誌だった《日本少年》へと移り、ファンだった読者も続々と《日本少年》へと走った。そのため《少年倶楽部》はしばらくの間、低迷することとなる。まだテレビなどはない、庶民には雑誌だけがエンターテインメントだった、そんな時代の話だ。

だが、《少年倶楽部》は樺島勝一、伊藤彦造、山口将吉郎、梁川剛一といった挿絵画家たちが、密画といわれる緻密でリアルな絵を描き、昭和初期まで活躍して盛り返すようになる。

やがて戦争という闇によって挿絵画家の系譜はいったん途切れてしまうのだが、戦争も終わり、「もはや戦後ではない」といわれた高度経済成長期に入ると、〝僕たち〈昭和〉の時代〟に新しい文化が生まれていく。

ＳＦアートといっても、ＳＦ小説の挿絵ならばなんでも良いという訳ではない。ＳＦアートがＳＦアートであるためには、そこにＳＦマインドとかセンス・オブ・ワンダーがなければならない。そんな観点から見て、日本におけるＳＦアートの源流を強引に定めるとするならば、やはり小松崎茂から始まったといえるのではないだろうか。

小松崎は画家を志した当初は日本画を学んでいた。が、花や蝶を描くよりも戦闘機や軍艦に強く心を惹かれた。戦時中のことだ。陸軍の航空本部から敵機を撃墜する絵を依頼されたとき、渡されたＢ29の写真を見て、おもわず「いい飛行機だなアー」と誉めてしまって将官から怒られたというエピソードがある（ＳＦを描くアーティストならこうでなければならない）。そんなメカ好きを見込まれて、雑誌《機械化》の表紙や口絵に想像力豊かな〝未来の新兵器〟を次々に描いた。これが小松崎のＳＦアートの原点だといわれている。

昭和三一年から刊行が始まった〈少年少女世界科学冒険全集〉（講談社）の表紙と口絵を担当したが、このシリーズは爆発的な売れ行きを見せ、その後ＳＦの出版が活発になる要因ともなった。これも小松崎のＳＦに対する功績のひとつと言えるだろう。小松崎描くロケットなどのメカニックセンスは抜群。流線形の曲線美は今見てもかっこいい。続いて〈少年少女世界科学名作全集〉（講談社）も手掛けた。

昭和三四年には《ＳＦマガジン》（早川書房）が創刊。日本ＳＦの歴史がスタートする。この時、初代編集長・福島正実は表紙の絵に頭を悩ましたという。

福島には、ＳＦという新しい文学を創造するのだ、という思いがあった。そしてＳＦを知らない人たちにＳＦをアピールするためには、ヴィジュアル面をどうするかは最重要課題だった。表紙は売れ行きを左右すると同時に、雑誌の持つ世界を決定付ける。編集長が表紙にこだわるのは当然のことだ。そして悩んだ末にＳＦには幻想絵画がふさわしいとの結論にたどり着く。福島のイメージにあったのはフランスの現代画家、ジャン・カルズーだった。

〝カルズーのもつ荒廃的な雰囲気を表現できないだろうか〟。そう考えると、気鋭の新人画家、中島靖侃を起用し、二人して試行錯誤を繰り返す。中島は東京美術学校（現在の東京藝術大学）を昭和二五年に卒業、洋画家を志していたが、装幀やイラストの仕事に従事するようになっていた。いくつものヴァージョンを描き、検討を重ねて出来上がった創刊号の表紙は、どこかの惑星か未来都市の廃墟のような幻想的な風景画だった。中島は以後、八年間も表紙を担当し、ＳＦアートのひとつのスタイルを築き上げた。

ＳＦが社会に浸透しだすとマンガ雑誌や子供向けの書籍にもＳＦが登

場するようになる。《SFマガジン》が創刊された昭和三四年には、《週刊少年サンデー》《週刊少年マガジン》も創刊。子供文化が活気付いていく。小松崎は昭和三〇年代から四〇年代にかけてマンガ雑誌などの口絵に空想未来画などを描きまくり、少年たちを夢中にさせた。さらに小松崎門下の高荷義之や伊藤展安、そして小松崎に憧れて挿絵画家になった梶田達二、南村喬之、中西立太らも、同様にメカニックセンス溢れるダイナミックでリアルな絵をマンガ雑誌やジュヴナイルSFに描き活躍した。

昭和三五年から刊行が始まった〈少年少女宇宙科学冒険全集〉(岩崎書店)は、その大部分を武部本一郎と依光隆が描いている。洗練された美女を描く武部に、溌剌たる少年を描く依光。武部と依光はSFに限らず数多くの児童書を手掛け、この二人の絵は当時の子供たちの記憶に刷り込まれているといっていい。

そんな武部や依光、そして小松崎イズムの画家たちが、戦前からのリアリズムを継承する挿絵画家の系譜だとすると、昭和三五年頃からはそこにアメリカから入ってきた文化の影響を受けたイラストレーターの系譜が加わるようになる。イラストレーションを縮めたイラストという言葉が生まれ、イラストを必要とする媒体は印刷技術の向上と共に広告を中心に広がり、グラフィックデザインの一部として不可欠な要素となっていく。それはすぐにヴィジュアルに重点を置き始めた出版の世界にもなだれ込む。〝絵〟が〝イラスト〟と単に言葉がカタカナになっただけなのに、意識の変革は大きかった。新しい表現を求める新進の才能が続々と生まれた。しかしそのドラスティックな変革がSFアートに波及するのには少し期間を要した。

この頃のSFアートは〈ハヤカワSFシリーズ〉のカバーや《SFマガジン》の表紙に見るように、中島や勝呂忠のアブストラクトな絵を意味していた。しかしそれがひっくり返る〝事件〟が起こる。

昭和三八年、東京創元社の〈創元推理文庫〉にSF部門、現在の〈創元SF文庫〉が誕生する。児童図書出版社である岩崎書店から東京創元社に転職してきた編集者・五所英男は、地球人のジョン・カーターが火星で活躍する冒険SFを読んだとき、この小説の表紙はアブストラクトなものではなく、楽しい絵が合うのではないかと思った。そして岩崎書店時代に〈少年少女宇宙科学冒険全集〉などで付き合いのあった武部本一郎にその表紙を依頼することにした。こうして〈火星シリーズ〉の第一巻『火星のプリンセス』が四〇年に刊行されることとなる。

武部の描く美女、デジャー・ソリスにSFファンはたちまち魅了された。武部の起用に難色を示していたはずの東京創元社の編集者・厚木淳は、自分が担当する文庫は以後、武部に依頼するようになった。それほど武部の登場はSFアートにとっては大事件だったのだ。

昭和四九年まで続く〈ハヤカワSFシリーズ〉のカバーは依然、アブストラクトが求められ、金森達に続いて担当した岩淵慶造が手掛けた昭和四五年までの《SFマガジン》の表紙もその延長線上にあったが、三八年から始まった〈創元SF文庫〉と、四五年から始まった〈ハヤカワ文庫SF〉という文庫の時代こそが本格的なSFアートの幕開けだった。

ここでジュヴナイルSFの話に戻そう。成立事情をたどると、これもやはり《SFマガジン》から始まったともいえる。SFを広く知らしめたいと願う福島は、大人だけではなく、子供たちにもSFを、と様々なシリーズを各出版社で企画し、また率先して翻訳を手掛けた。

昭和四一年の〈SF世界の名作〉(岩崎書店)では《SFマガジン》《EQMM》で活躍していた真鍋博が緻密な線で描いたイラストを寄せた。

また、久里洋二、井上洋介、柳原良平などのイラストレーターも腕を揮った。昭和四二年の〈ジュニアＳＦ〉（盛光社）は日本人ＳＦ作家の作品で構成され、表紙を依光隆と鈴木義治が描いている。そしてＳＦは少年少女からさらに下の年齢層の幼年にまで拡がっていった。〈創作Ｓ・Ｆどうわ〉（盛光社）には馬場のぼるや石森章太郎といった漫画家も参加している。

大判のサイズならではの、迫力ある表紙が魅了するシリーズがある。それが昭和四二年から刊行が始まった〈ＳＦ名作シリーズ〉（偕成社）だ。依光隆、武部本一郎に加え、金森達、伊藤展安、柳柊二、沢田弘、中村英夫、保田義孝、岩井泰三、鈴木登良次といった豪華メンバーが腕を競う。今見ると大胆なイラストを描く金森達や伊藤展安の作品は妙にレトロテイストだったり、柳柊二の絵はＳＦなのに怪奇ものみたいだったりするのだけれど、そこにまた懐かしさがある。

このようにして増え続けたジュヴナイルＳＦのシリーズだが、昭和四四年のアポロ11号月面到達、昭和四五年の日本万国博覧会を頂点として、夢見る子供たちのＳＦへの欲望はさらに上がり続けるのだ。

昭和四四年の〈創作子どもＳＦ全集〉（国土社）では中村宏、山藤章二など、グラフィックデザイン側にいたアーティストが活躍するようになり、ＳＦアートの可能性を拡げてみせた。

昭和四六年から刊行が始まった〈少年少女世界ＳＦ文学全集〉（あかね書房）は装幀のデザインセンスがよくて、かっこよかった。そして、篠原勝之、新井苑子、杉本一文、山本耀也、池田龍雄、沢田弘、楢喜八、太田大八などのイラストが洗練されていて、大人びて見えたものだ。

昭和四七年からは〈ＳＦベストセラーズ〉（鶴書房）が刊行開始。このシリーズは当時のＳＦファンなら誰にとっても想い入れ深いものではないだろうか。光瀬龍『夕ばえ作戦』、筒井康隆『時をかける少女』、眉村卓『なぞの転校生』など、あの〈ＮＨＫ少年ドラマシリーズ〉の原作が並ぶ。初期の一〇巻には司修、赤坂三好、長尾みのる、中山正美、桜井誠、遠藤昭吾など、当時、気鋭の画家も起用されていて新鮮な雰囲気があった。長尾みのるが描く『時をかける少女』。そしてその本文中の谷俊彦の挿絵もたまらなく可愛い。『時をかける少女』のカバーは、貞本義行（平成一八年）やいとうのいぢ（平成二一年）も手掛けているが、昭和のＳＦファンにとっては長尾みのると谷俊彦なのだ。

また、現在のＳＦアートの方向性を決定付けた人物といえば、加藤直之を措いて他にはない。昭和四九年に《ＳＦマガジン》で商業誌デビューし、早川ＳＦコンテスト・アート部門入賞。五二年からは《ＳＦマガジン》の表紙を担当し、続けて七年間も描き、ＳＦアートの黄金期を築き上げた。もちろん、担当した文庫の数は圧倒的に多い。加藤の描く世界はＳＦファンがイメージしていたＳＦそのものだった。加藤にもジュヴナイルＳＦの仕事があるが、大人向けの本と描き方に遜色はない。

これらジュヴナイルＳＦにおけるイラストの魅力は、大人向けとは違い、夢が描かれていることにあるのではないか。それは具体的な夢の情景だけではない。描き手の挿絵画家たちが子供たちに夢を届けよう、という想いを込めて丹念に描いたものだと感じられるからだ。作家が大人向けの小説を子供向けにリライトして翻訳してくれたのと同じように、絵も子供用にアレンジして見せてくれた。当時、僕たちはいかに恵まれていたかを感じずにはいられない。

ジュヴナイルSF年表

年	SF全集・シリーズ〈刊行開始年〉	SFと社会の出来事
1945		終戦
1949		海野十三死去。湯川秀樹がノーベル賞を受賞
1952		手塚治虫『鉄腕アトム』連載開始
1953		テレビ放送開始
1954		映画『ゴジラ』公開
1955	少年少女科学小説選集(石泉社)	映画『ゴジラの逆襲』公開
1956	少年少女世界科学冒険全集(講談社)	
1957	トム・スイフトの冒険(石泉社) 名作冒険全集(偕成社)	〈ハヤカワ・ファンタジイ〉発刊(後の〈ハヤカワ・SF・シリーズ〉) スプートニク1号打上げ
1958		フラフープ・ブーム
1959	ベルヌ冒険名作選集(岩崎書店)	《少年サンデー》《少年マガジン》創刊 《SFマガジン》創刊
1960	少年少女宇宙科学冒険全集(岩崎書店)	ダッコちゃんブーム
1961	少年少女世界科学名作全集(講談社)	ガガーリン、世界初の有人宇宙飛行に成功
1962	世界推理・科学名作全集/世界科学・探偵小説全集(偕成社)	第1回日本SF大会開催 映画『キングコング対ゴジラ』公開
1963	ベリヤーエフ少年空想科学小説選集(岩崎書店)	日本SF作家クラブ創立 TVアニメ『鉄腕アトム』放映開始 〈創元推理文庫〉にSF部門が加わる(後に〈創元SF文庫〉)
1964	少年少女ベルヌ科学名作全集(学習研究社)	映画『モスラ対ゴジラ』公開 オリンピック東京大会開催
1965	世界の科学名作(講談社)	映画『大怪獣ガメラ』公開
1966	ジュニア版 SF名作シリーズ(秋田書店) SF世界の名作(岩崎書店)	TVシリーズ『ウルトラQ』放映開始 TVシリーズ『ウルトラマン』放映開始
1967	ジュニアSF(盛光社) 創作S・Fどうわ(盛光社) SF名作シリーズ(偕成社)	TVシリーズ『ウルトラセブン』放映開始
1968	ベルヌ名作全集(偕成社) SFえどうわ(岩崎書店) 世界のこどもエスエフ(偕成社) 少年少女21世紀のSF(金の星社)	映画『2001年宇宙の旅』日本公開
1969	創作子どもSF全集(国土社) 創作SFえほん(盛光社) サンヤングシリーズ(朝日ソノラマ) 少年少女ベルヌ科学名作(学習研究社) ジュニア版・世界のSF(集英社) 少年少女SFアポロシリーズ(岩崎書店) 毎日新聞SFシリーズ(毎日新聞社)	アポロ11号月面着陸 TVシリーズ『宇宙大作戦』日本放映開始
1970	ダニーくんのSFぼうけん(岩崎書店) SF少年文庫(岩崎書店)	日本万国博覧会開催 〈ハヤカワSF文庫〉発刊(後の〈ハヤカワ文庫SF〉) よど号ハイジャック事件
1971	少年少女世界SF文学全集(あかね書房) こどもSF文庫(フレーベル館) SFシリーズ(ポプラ社)	TVシリーズ『仮面ライダー』放映開始
1972	SFベストセラーズ(鶴書房)	TVシリーズ『タイム・トラベラー』放映開始 浅間山荘事件
1973	少年少女傑作小説(朝日ソノラマ)	〈秋元文庫〉発刊 小松左京『日本沈没』がベストセラーに。映画も公開 大伴昌司死去 オイルショック
1974	SFバックス(すばる書房盛光社) SF恐怖シリーズ(秋田書店)	《奇想天外》創刊 TVアニメ『宇宙戦艦ヤマト』放映開始 ユリ・ゲラー来日、超能力ブーム
1975	SFベストセラーズ(海外)(鶴書房)	〈ソノラマ文庫〉発刊
1976	SFこども図書館(岩崎書店)	〈コバルト文庫〉発刊 福島正実死去
1977	SFシリーズ(インタナル出版部) 少年少女21世紀のSF(金の星社) SF傑作短編集(三省堂)	
1978	SFシリーズ(インタナル出版部/すばる書房)	〈サンリオSF文庫〉発刊 映画『未知との遭遇』『スター・ウォーズ』日本公開
1979		《SFアドベンチャー》《SF宝石》創刊 TVアニメ『機動戦士ガンダム』放映開始
1980	アトランティスから来た男(評論社)	
1981		映画『ねらわれた学園』公開
1982	少年SF・ミステリー文庫(国土社)	映画『ブレードランナー』日本公開
1983	あたらしいSF童話(岩崎書店)	映画『時をかける少女』公開。東京ディズニーランド開園
1984	ポプラ社のSF冒険文庫(ポプラ社) 宇宙島の少年(誠文堂新光社)	
1985		科学万博-つくば'85開催
1986	SFロマン文庫(岩崎書店)	
1987	ジュニアSF選(草土文化)	〈角川文庫〉青帯発刊(後の〈角川スニーカー文庫〉)
1988		〈富士見ファンタジア文庫〉発刊

24 消えた土星探検隊　フィリップ・レーサム／塩谷太郎訳
25 百万の太陽　福島正実
26 宇宙の密航少年　R・M・イーラム／白木茂訳
27 凍った宇宙　パトリック・ムーア／福島正実訳
28 木星のラッキー・スター　ポール・フレンチ／土居耕訳
29 まぼろしの支配者　草川隆
30 夢みる宇宙人　ジョン・D・マクドナルド／常盤新平訳

ジュニアSF選　✦126頁

発行：草土文化　全5巻＋別巻1
昭和62年9月～11月
装幀：篠崎三朗
※四六判上製・平均216頁

月こそわが故郷　横田順彌編
呪われた翼　横田順彌編　✦126頁
果てしなき多元宇宙　横田順彌編　✦126頁
クロッカスの少年　横田順彌編
赤いさばくの上で　横田順彌編
別巻 SFなんでも講座　横田順彌編　✦95頁

2 地球の狂った日 A・ベリャーエフ／福島正実訳
3 裏窓の目撃者 W・アイリッシュ／内田庶訳
4 宇宙船スカイラーク E・E・スミス／内田庶訳
✦119頁
5 暴力の町 D・ハメット／内田庶訳
6 宇宙の侵略者 J・ウィリアムスン／福島正実訳
✦119頁
7 のろわれた山荘 P・マガー／福島正実訳
8 ペルシダ王国の恐怖 E・R・バローズ／福島正実訳
9 ハエが夜をねらう！ J・ブリュース／福島正実訳
10 合成人間「22X」 J・ソール／福島正実訳
11 殺しのメロディー A・クリスティー／内田庶訳
12 絶対0度のなぞ E・S・ガードナー／福島正実訳
13 死者からの声 R・ハギンズ／内田庶訳
14 液体インベーダー R・M・ファーリィ／福島正実訳
15 にせ札を追え！ R・チャンドラー／福島正実訳
16 タイムカメラの秘密 T・H・シャーレッド／福島正実訳
17 ひきさかれた過去 H・ペンティコースト／内田庶訳
18 未来からきた暗殺者 P・ヒース／福島正実訳
✦118頁
19 クリスマス殺人事件 N・ブレイク／内田庶訳
20 宇宙大激震 M・ラインスター／福島正実訳
✦119頁

あたらしいSF童話 ✦142-143頁

発行：岩崎書店 全20巻
昭和58年12月～62年12月 大型本
※少年文芸作家クラブ編 2・3年向

1 UFOのおとしもの 中尾明
2 たけしとママロボ 新倉みずよ
3 小さな島の大ぼうけん 星谷仁 ✦143頁
4 ぬすまれた教室 光瀬龍
5 テレパシードロップをどうぞ 浜田けい子
6 ぼくらのロボット物語 眉村卓 ✦143頁
7 へんしんバットのひみつ 久米みのる ✦143頁
8 自由くんの宇宙せんそう 北川幸比古
9 おれたち先生の同級生 斎藤晴輝
10 オメガ・シティのぼうけん 豊田有恒
11 宇宙海ぞくパプ船長 亀山龍樹
12 さようならアイスマン 福島正実
13 てんぐのめんの宇宙人 白木茂 ✦142頁
14 宇宙人スサノオ 内田庶 ✦143頁
15 ちょっとだけエスパー 望月正子
16 モコモコネコが空をとぶ 斉藤伯好
17 こちらは古親こうかん車 永田良江
18 ドタバタかんこう宇宙船 木暮正夫
19 タッくんの空中トンネル 龍尾洋一
20 水たまりの宇宙戦争 南山宏

ポプラ社のSF冒険文庫 ✦120-121頁

発行：ポプラ社 全10巻
昭和59年7月～60年3月 B6判

1 銀河戦士レンズマン E・E・スミス／瀬川昌男訳
✦120頁
2 なぞの宇宙基地 ダグラス・ヒル／真崎義博訳
3 レンズマン対宇宙海賊 E・E・スミス／瀬川昌男訳
✦121頁
4 恐怖の改造人間 ダグラス・ヒル／真崎義博訳
5 レンズマン危機一髪 E・E・スミス／瀬川昌男訳
6 黄金のサイボーグ ダグラス・ヒル／真崎義博訳
7 レンズマンの反撃 E・E・スミス／瀬川昌男訳
8 最後の惑星戦争 ダグラス・ヒル／真崎義博訳
✦121頁
9 スターキング銀河大決戦 E・ハミルトン／榎林哲訳
10 時をかける宇宙遊撃隊 J・ウィリアムスン／榎林哲訳
✦121頁

宇宙島の少年 ✦126頁

発行：誠文堂新光社 全5巻
昭和59年9月 A5判

I 核爆弾をさがせ 中尾明 ✦126頁
II 宇宙野球 中尾明
III 宇宙カー・レース 中尾明 ✦126頁
IV 小惑星を捕らえろ 中尾明
V 三つ目の宇宙人 中尾明

SFロマン文庫 ✦122-125頁

発行：岩崎書店 全30巻
昭和61年1月 B6判
装幀：池田拓

1 第四惑星の反乱 R・シルヴァーバーグ／中尾明訳
2 太陽系の侵入者 ポール・フレンチ／塩谷太郎訳
✦123頁
3 わすれられた惑星 M・ラインスター／矢野徹訳
4 宇宙人アダム・トロイ M・パチェット／白木茂訳
✦123頁
5 うしなわれた世界 コナン・ドイル／土居耕訳
✦123頁
6 まぼろしのペンフレンド 眉村卓
7 アーサー王とあった男 マーク・トウェーン／亀山龍樹訳 ✦124頁
8 迷宮世界 福島正実
9 生きている首 A・ベリャーエフ／飯田規和訳
10 作戦NACL 光瀬龍 ✦124頁
11 宇宙怪獣ラモックス R・ハインライン／福島正実訳
✦124頁
12 大氷河の生存者 R・シルヴァーバーグ／長谷川甲二訳
13 宇宙の勝利者 G・ディクスン／中上守訳
✦124頁
14 世界のSF短編集 時間と空間の冒険 福島正実編訳
15 宇宙紀元ゼロ年 ビタリ・メレンチェフ／北野純訳
16 タイム・カプセルの秘密 ポール・アンダースン／内田庶訳
17 日本のSF短編集 超世界への旅 福島正実編訳
✦122頁
18 なぞの第九惑星 ドナルド・ウォルハイム／白木茂訳
19 宇宙大オリンピック ミルトン・レッサー／矢野徹訳
✦125頁
20 フェニックス作戦発令 福島正実 ✦125頁
21 タイムマシン H・G・ウェルズ／塩谷太郎訳
22 宇宙人ビッグスの冒険 ネルソン・ボンド／亀山龍樹訳
23 宇宙の漂流者 トム・ゴドウィン／中上守訳

SFこども図書館 ✦108-111頁

発行：岩崎書店　全26巻
昭和51年2月
※A5判　各170頁前後

1　宇宙少年ケムロ　エリオット／白木茂訳
2　27世紀の発明王　ガーンズバッグ／福島正実訳
3　深海の宇宙怪物　ジョン・ウィンダム／斎藤伯好訳　✦109頁
4　超能力部隊　ハインライン／矢野徹訳
5　地底探検　ベルヌ／久米元一訳　✦109頁
6　くるったロボット　アシモフ／小尾芙佐訳
7　月世界探検　ウエルズ／塩谷太郎訳
8　火星の王女　バローズ／亀山龍樹訳　✦109頁
9　黒い宇宙船　ラインスター／野田昌宏訳
10　逃げたロボット　デル・レイ／中尾明訳　✦109頁
11　異星人ノーチラス　ドレツァール／松谷健二訳　✦110頁
12　宇宙家族　E・E・エバンズ／矢野徹訳
13　恐竜の世界　コナン・ドイル／久米穣訳
14　次元パトロール　マーウイン・ジュニア／中上守訳
15　宇宙の超高速船　E・E・スミス／亀山龍樹訳
16　星からきた探偵　クレメント／内田庶訳　✦108頁
17　時間けいさつ官　レイ・カミングス／南山宏訳　✦110頁
18　合成人間ビルケ　ベリヤーエフ／馬上義太郎訳　✦110頁
19　宇宙パイロット　グレーウィッチ／袋一平訳
20　恐竜一億年　マースティン／福島正実訳　✦110頁
21　ついらくした月　シェリフ／白木茂訳
22　海底パトロール　クラーク／福島正実訳　✦111頁
23　超人の島　ステープルドン／矢野徹訳
24　光る雪の恐怖　ホールデン／内田庶訳
25　合成怪物　R・ジョーンズ／半田倹一訳
26　コメット号時間作戦　E・ハミルトン／福島正実訳
　　後に「キャプテン・フューチャー」と改題

SFシリーズ ✦113頁

発行：インタナル出版部　全4巻
昭和52年1月～5月　小B6判
装幀：徳野雅仁

死霊の王国　加納一朗　✦113頁
SOS東京　山村正夫　✦113頁
みどり色の目　宮崎惇　✦113頁
北極シティーの反乱　小隅黎　✦113頁

少年少女21世紀のSF ✦116頁

発行：金の星社　全10巻
昭和52年2月～55年3月
装幀：塩崎英一
※各冊A5変型判・200頁平均　註・解説付
　小学中級以上向

1　チタンの幽霊人　瀬川昌男　✦116頁
2　怪惑星セレス　宮崎惇
3　ソレマンの空間艇　石川英輔
4　超人間プラスX　小隅黎　✦116頁
5　ゼロの怪物ヌル　畑正憲
6　アンドロボット'99　今日泊亜蘭
7　セブンの太陽　加納一朗
8　月ジェット作戦　小隅黎
9　テミスの無人都市　草川隆　✦116頁
10　火星地底の秘密　瀬川昌男　✦116頁

SF傑作短編集 ✦117頁

発行：三省堂　全16巻
昭和52年9月～12月　四六判

1　海に生きる　福島正実
2　幽霊ロボット　矢野徹　✦117頁
3　秘密指令月光を消せ　光瀬龍
4　猛烈教師　眉村卓
5　原猫のブルース　佐野美津男
6　クフ王のピラミッド　豊田有恒
7　消えた人々のゆくえ　M・ラインスター／亀山龍樹訳　✦117頁
8　怪談どくろが丘　北川幸比古
9　遠隔催眠術　斉藤晴輝
10　盗まれた東京　矢野徹　✦117頁
11　超能力ゲーム　福島正実　✦117頁
12　SOS宇宙船シルバー号　光瀬龍
13　君は幽霊を見たか　中尾明
14　もう一つの世界　豊田有恒
15　おれの名はスパイ　浜田けい子
16　幻の特攻機　内田庶

SFシリーズ ✦

発行：インタナル出版部　発売／すばる書房　全4巻
昭和53年6月　B6判
装幀：徳野雅仁

死霊の王国　加納一朗
SOS東京　山村正夫
みどり色の目　宮崎惇
北極シティーの反乱　小隅黎

アトランティスから来た男

発行：評論社　全4巻
昭和55年3月～4月　四六判
＊アメリカ・NBC製作のSF海外ドラマのノベライズ。

1　よみがえる海底人間　リチャード・ウッドリー／小野章・越智道雄訳
2　宇宙からの侵略　リチャード・ウッドリー／小野章・越智道雄訳
3　未知の惑星生物　リチャード・ウッドリー／小野章・越智道雄訳
4　地球脱出　リチャード・ウッドリー／小野章・越智道雄訳

少年SF・ミステリー文庫 ✦118-119頁

発行：国土社　全20巻
昭和57年11月～58年12月
※B6判・上製本　平均130頁

1　冷凍死体のなぞ　P・ワイリー／内田庶訳

3　ももいろの川は流れる　矢野徹　✦141頁
4　ひっかかった春　半村良　✦141頁
5　おちていたうちゅうせん　小松左京　✦141頁

SFシリーズ　✦96-97頁

発行：ポプラ社　全10巻
昭和46年12月～47年7月
※B6判上製／各230頁前後

1　ロボット博士　海野十三　✦97頁
2　謎の金属人間　海野十三　✦97頁
3　怪星ガン　海野十三
4　地球盗難　海野十三
5　恐竜の世界　コナン・ドイル／氷川瓏訳　✦97頁
6　火星探検　海野十三　✦96頁
7　宇宙追撃戦　ガーンズバック／加納一朗訳
8　われはロボット　アジモフ／小隅黎訳　✦97頁
9　怪塔王　海野十三
10　美しき鬼　海野十三

SFベストセラーズ　✦98-101頁

発行：鶴書房盛光社・鶴書房　全26巻
昭和47年頃～54年7月
※小四六判

新世界遊撃隊　矢野徹
夕ばえ作戦　光瀬龍　✦102頁
黒の放射線　中尾明　✦99頁
リュイテン太陽　福島正実
時をかける少女　筒井康隆　✦102頁
なぞの転校生　眉村卓　✦56頁
時間砲計画　豊田有恒　✦99頁
すばらしい超能力時代　北川幸比古
人類のあけぼの号　内田庶　✦99頁
見えないものの影　小松左京　✦69頁
続・時をかける少女　石山透
ねじれた町　眉村卓
明日への追跡　光瀬龍　✦99頁
異次元失踪　福島正実　✦100頁
ポンコツタイムマシン騒動記　石川英輔
学園魔女戦争　宮崎惇　✦100頁
消えた町　光瀬龍
怪獣大陸　今日泊亜蘭
眠りの星のレア　瀬川昌男　✦98頁
ポンコツロボット太平記　石川英輔　✦100頁
続・時間砲計画　豊田有恒・石津嵐
五万年後の夏休み　荒巻義雄
いて座の少女　中尾明
異世界の勇士　高千穂遙　✦100頁
夢の戦士　川又千秋　✦101頁
蜃気楼の少年　宮崎惇　※未刊
ポンコツUFO同乗記　石川英輔

少年少女傑作小説　✦73頁

発行：朝日ソノラマ　全10巻
昭和48年7月　四六判
装幀：原田維夫

1　透明少年　加納一朗
2　からくり儀右衛門　横田弘行
3　あの子は委員長　神保史郎
4　黒ひげ大将　相良俊輔
5　蜃気楼博士　都筑道夫
6　怪人くらやみ殿下　山村正夫
7　ドンとこい死神！　辻真先
8　悪魔がねらっている　山崎忠昭
9　夕焼けの少年　加納一朗　✦73頁
10　暁はただ銀色　光瀬龍

SFバックス　✦104頁

発行：すばる書房盛光社　全3巻
昭和49年3月～12月　B6判
装幀：鈴木邦治

ねじれた町　眉村卓　✦104頁
異次元失踪　福島正実　✦104頁
明日への追跡　光瀬龍　✦104頁
宇宙漂流　小松左京　※未刊

SF恐怖シリーズ　✦105頁

発行：秋田書店　全6巻
昭和49年8月～50年5月　四六判
装幀：上矢津

1　火星人間 宇宙大戦争　H・G・ウェルズ／福島正実訳
2　縮小人間 ミクロの恐怖　R・マシスン／各務三郎訳　✦105頁
3　植物人間 地球滅亡の日　J・ウインダム／青木日出夫訳
4　脳人間 呪われた怪実験　C・シオドマック／大伴昌司訳　✦105頁
5　地底人間 秘密の怪獣境　E・R・バローズ／南山宏訳　✦105頁
6　巨大人間 悪魔の作戦　K・ロブソン／安竜二郎訳　✦105頁

SFベストセラーズ（海外シリーズ）　✦106-107頁

発行：鶴書房　全8巻
昭和50年6月～51年8月
※小四六判　解説／福島正実・野田昌宏

失われた世界　A・C・ドイル／塩谷太郎訳
火星のまぼろし兵団　E・R・バローズ／福島正実訳
火星の合成人間　E・R・バローズ／南山宏訳　✦106頁
ヤンキーの夢の冒険　M・トウェーン／内田庶訳　✦107頁
金星のなぞ　P・ムーア／塩谷太郎訳　✦107頁
星の征服者　B・ボバ／福島正実訳　✦107頁
地底世界探検隊　オーブルチェフ／袋一平訳
海底2万マイル　ベルヌ／村山啓夫訳

＊主人公のダニーくんがさまざまな冒険をくりひろげる。

1 A・G宇宙船SOS J・ウイリアムズ／R・アブラスキン／亀山龍樹訳
2 無人島の少年科学者 J・ウイリアムズ／R・アブラスキン／亀山龍樹訳
3 宿題ひきうけコンピューター J・ウイリアムズ／R・アブラスキン／白木茂訳
4 雨ふらせ作戦 J・ウイリアムズ／R・アブラスキン／亀山龍樹訳
5 ウニ号の海てい探検 J・ウイリアムズ／R・アブラスキン／亀山龍樹訳
6 C光線と恐竜 J・ウイリアムズ／R・アブラスキン／白木茂訳
7 レーザー光線作戦 J・ウイリアムズ／R・アブラスキン／亀山龍樹訳
8 四次元のぼうけん J・ウイリアムズ／R・アブラスキン／白木茂訳
9 オートマチック・ハウス J・ウイリアムズ／R・アブラスキン／白木茂訳
10 宇宙からの声 J・ウイリアムズ／R・アブラスキン／白木茂訳

SF少年文庫 ✦86-89頁

発行：岩崎書店 全30巻
昭和45年7月～48年11月 函入
ブックデザイン：鈴木康之
※B6判・平均230頁 小学上級～中学生向

1 第四惑星の反乱 シルヴァーバーグ／中尾明訳 ✦87頁
2 太陽系の侵入者 ポール・フレンチ／塩谷太郎訳
3 わすれられた惑星 ラインスター／矢野徹訳 ✦87頁
4 宇宙人アダム・トロイ M・パチェット／白木茂訳
5 うしなわれた世界 コナン・ドイル／土居耕訳 ✦87頁
6 まぼろしのペンフレンド 眉村卓 ✦86頁
7 アーサー王とあった男 マーク・トウェーン／亀山龍樹訳 ✦87頁
8 迷宮世界 福島正実
9 生きている首 A・ベリャーエフ／飯田規和訳
10 作戦NACL 光瀬龍
11 宇宙怪獣ラモックス ロバート・A・ハインライン／福島正実訳
12 大氷河の生存者 R・シルヴァーバーグ／長谷川甲二訳
13 宇宙の勝利者 G・ディクスン／中上守訳
14 世界のSF短編集 時間と空間の冒険 福島正実編
15 宇宙紀元ゼロ年 ビタリ・メレンチェフ／北野純訳
16 タイム・カプセルの秘密 ポール・アンダースン／内田庶訳
17 日本のSF短編集 超世界への旅 福島正実編訳
18 なぞの第九惑星 ドナルド・ウォルハイム／白木茂訳 ✦88頁
19 宇宙大オリンピック ミルトン・レッサー／矢野徹訳
20 フェニックス作戦発令 福島正実
21 タイムマシン H・G・ウェルズ／塩谷太郎訳
22 宇宙人ビッグスの冒険 ネルソン・ボンド／亀山龍樹訳 ✦88頁
23 宇宙の漂流者 トム・ゴドウィン／中上守訳
24 消えた土星探検隊 フィリップ・レーサム／塩谷太郎訳
25 百万の太陽 福島正実 ✦88頁
26 宇宙の密航少年 R・M・イーラム／白木茂訳
27 凍った宇宙 パトリック・ムーア／福島正実訳
28 木星のラッキー・スター ポール・フレンチ／土居耕訳 ✦88頁
29 まぼろしの支配者 草川隆
30 夢みる宇宙人 ジョン・D・マクドナルド／常盤新平訳 ✦89頁

少年少女世界SF文学全集 ✦90-93頁

発行：あかね書房 全20巻
昭和46年7月～48年4月 四六判・函入
※責任編集＝白木茂・福島正実 小学上級～中学生向

1 鋼鉄都市 アイザック・アシモフ／福島正実訳
2 生きていた火星人 ロバート・シルヴァーバーグ／中尾明訳
3 恐竜世界の探険 コナン・ドイル／白木茂訳
4 タイムマシン28000年 レイ・カミングス／斎藤伯好訳 ✦91頁
5 惑星からきた少年 パトリシア・ライトソン／久米穣訳
6 四次元世界の秘密 L・P・デービス／白木茂訳 ✦91頁
7 地底世界ペルシダー エドガー・ライス・バローズ／野田昌宏訳 ✦91頁
8 両棲人間 アレクサンドル・ベリャーエフ／飯田規和訳
9 不死販売株式会社 ロバート・シェクリー／福島正実訳 ✦91頁
10 宇宙船ドクター ハリー・ハリスン／内田庶訳 ✦92頁
11 惑星ハンター アーサー・K・バーンズ／小尾芙佐訳 ✦92頁
12 海底の地震都市 F・ポール&J・ウィリアムスン／中尾明訳 ✦92頁
13 ロボット・スパイ戦争 カルル・ブルックナー／塩谷太郎訳 ✦90頁
14 海底二万リーグ ジュール・ヴェルヌ／榊原晃三訳 ✦132頁
15 月世界の 核爆発 パトリック・ムーア／白木茂訳
16 宇宙戦争 H・G・ウェルズ／飯島淳秀訳 ✦92頁
17 さまよう都市宇宙船 ロバート・A・ハインライン／福島正実訳
18 宇宙怪人ザロ博士の秘密 エドモンド・ハミルトン／内田庶訳 ✦82頁
19 怪奇植物トリフィドの侵略 ジョン・ウィンダム／中尾明訳 ✦85頁
20 銀河系防衛軍 エドワード・E・スミス／小尾芙佐訳 ✦93頁

こどもSF文庫 ✦141頁

発行：フレーベル館 全5巻
昭和46年10月～47年6月 大型本
装丁デザイン：宇野亜喜良

1 うちゅうせんにのるな 山中恒 ✦141頁
2 おばけロケット1ごう 筒井敬介

地底怪生物マントラ　福島正実　✦71頁
走れ！はやて　関耕太
怪人くらやみ殿下　山村正夫
小説　どろろ　辻真先
イチコロ島SOS　加納一朗
日本オオカミ　関耕太
あの子は委員長　神保史郎
月世界大戦争　宮崎惇　✦71頁
ブンとフン　井上ひさし　✦71頁
からくり儀右衛門　横田弘行
ほらふき大追跡！　加納一朗
小説 柔道一直線　梶原一騎
オヨヨ島の冒険　小林信彦
暁はただ銀色　光瀬龍　✦72頁
ドンとこい、死神！　辻真先
まぼろしの魔境ムー　山村正夫
パルにまかせろ　加納一朗　✦72頁
大雪原鉄道　相良俊輔
怪人オヨヨ大統領　小林信彦
蜃気楼博士　都筑道夫
悪魔がねらっている　山崎忠昭
ニッポン絶体絶命　辻真先
とびだせ！ピンキリ　加納一朗
超革命的中学生集団　平井和正　✦72頁
ミラクル少女　加納一朗
仮題・中学殺人事件　辻真先
SOSタイム・パトロール　光瀬龍　✦72頁
ロック島の冒険　草川隆

少年少女ベルヌ科学名作　✦134-135頁

発行：学習研究社　全12巻
昭和44年7月～10月
装丁：池田龍雄
※菊判260頁・上製本・ケース入り

1　海底二万マイル　ベルヌ／白木茂訳　✦134頁
2　月世界旅行　ベルヌ／矢野徹訳　✦127頁
3　地底の探検　ベルヌ／保永貞夫訳
4　空飛ぶ戦艦　ベルヌ／福島正実訳　✦135頁
5　アフリカ横断飛行　ベルヌ／亀山竜樹訳
6　十五少年漂流記　ベルヌ／今西祐行訳
7　八十日間世界一周　ベルヌ／内田庶訳
8　難破船　ベルヌ／那須辰造訳
9　砂ばくの秘密都市　ベルヌ／塩谷太郎訳　✦135頁
10　悪魔の発明　ベルヌ／福島正実訳
11　北極冒険旅行　ベルヌ／白木茂訳　✦135頁
12　うごく島の秘密　ベルヌ／塩谷太郎訳

ジュニア版・世界のSF　✦74-77頁

発行：集英社　全20巻
昭和44年8月～45年5月
装幀：金森達
※四六判／豪華ケース入り／平均224頁／
大型カラー口絵入り／さし絵20数枚　月2冊配本

1　宇宙大作戦　ブリッシュ／北川幸比古訳　✦75頁
2　なぞの宇宙物体X　キャンベル／内田庶訳
3　夜明けの惑星　パイパー／福島正実訳
4　地球さいごの日　ワイリー／矢野徹訳
5　銀河王国の地球人　ハミルトン／亀山竜樹訳
6　タイタンの妖怪　ハインライン／中尾明訳　✦74頁
7　火星人襲来　ウエルズ／白木茂訳　✦75頁
8　アンドロメダ星雲　エフレーモフ／杉野喬訳　✦75頁
9　宇宙の群島　クラーク／福島正実訳　✦75頁
10　宇宙船ビーグル号の航海　ボークト／久米みのる訳　✦76頁
11　銀河パトロール隊　エドワード・E・スミス／常盤新平訳
12　滅びゆく銀河帝国　アシモフ／野田昌宏訳
13　火星のプリンセス　バロウズ／内田庶訳　✦76頁
14　海底の古代帝国　ドイル／亀山竜樹訳　✦76頁
15　ヨン博士の航星日記　レム／袋一平訳　✦76頁
16　金星探検　ベリャーエフ／飯田規和訳　✦77頁
17　2660年のロマンス　ガーンズバック／川村哲郎訳
18　消えていく海　チャールズ・エリック・メイン／福島正実訳
19　怪獣惑星SOS　ラインスター／南山宏訳
20　地底の冒険　ベルヌ／川村克己訳

少年少女SFアポロシリーズ　✦78-79頁

発行：岩崎書店　全8巻
昭和44年11月～45年3月
ブックデザイン：金森達
※A5判・平均200頁

1　月世界へ行く　J・ヴェルヌ／塩谷太郎訳　✦79頁
2　月の地底都市　H・G・ウェルズ／白木茂訳
3　地球をとびだす　ツィオルコフスキー／飯田規和訳　✦79頁
4　月は地獄だ！　キャンベル／矢野徹訳　✦78頁
5　月を売った男　ハインライン／内田庶訳
6　月ロケットの少年　パチェット／塩谷太郎訳
7　月こそわが故郷　福島正実　✦79頁
8　月のピラミッド　クラークほか／福島正実編

毎日新聞SFシリーズ　✦80-81頁

発行：毎日新聞社　全16巻
昭和44年12月～45年12月　菊判
装幀・デザイン：松江寛之

1　宇宙の声　星新一　✦67頁
2　コブテン船長の冒険　矢野徹
3　怪物ジオラ　香山滋　✦80頁
4　地球への遠い道　眉村卓
5　真昼の侵入者　福島正実
6　白鳥座61番星　瀬川昌男
7　マーメイド戦士　豊田有恒
8　美女の青い影　平井和正　✦81頁
9　その花を見るな！　光瀬龍
10　ぼくボクとぼく　都筑道夫　✦81頁
11　緑魔の町　筒井康隆
12　蟻人境　手塚治虫
13　赤外音楽　佐野洋
14　海底基地SOS　高橋泰邦　✦81頁
15　少年神兵　宮崎惇
16　宇宙漂流　小松左京　✦68頁

ダニーくんのSFぼうけん

発行：岩崎書店　全10巻
昭和45年7月～46年4月　A5変型判・函入

6　ミッキーくんの宇宙旅行　ブラウン／亀山龍樹訳
7　ミリ人間のぼうけん　ヤン・ラリー／馬上義太郎訳
8　ハンス月へいく　ポー／藤原一生訳　✦138頁
9　ロボット自動車・サリイ　アシモフ／小尾芙佐訳
10　木の上のちっちゃな宇宙船　和田登
11　てんぐのめんの宇宙人　白木茂
12　宇宙海ぞくパブ船長　亀山龍樹
13　なぞのせん水かん　ベルヌ／神戸淳吉訳
14　おしいれタイムマシン　福島正実
15　ジムの金星旅行　イーラム／塩谷太郎訳　✦138頁
16　宇宙人スサノオ　内田庶
17　ぽんこつロボット　古田足日
18　そこにいたスペア星人　香山美子
19　宇宙ねこの火星たんけん　トッド／白木茂訳
20　こどもセールスマン1号　北川幸比古

世界のこどもエスエフ　✦62頁

発行：偕成社　全16巻
昭和43年10月～45年12月
装幀：池田竜雄
※A5変型箱入　カラー絵豊富　小学2～4年向

1　ラスティと宇宙怪ぶつ　ランプマン／亀山竜樹訳　✦62頁
2　魔ほうのボール　バイミラー／久米穣訳　✦62頁
3　ジップと空とぶ円ばん　スチーラー／那須辰造訳　✦62頁
4　わんぱくロボット　ケイ／中尾明訳
5　ぼくの恐りゅうデカ　ランプマン／亀山龍樹訳
6　ジムくんの海てい旅行　ポール&ウィリアムスン／矢野徹訳
7　あわてんぼ博士の発明　N・ハンター／長谷川甲二訳
8　ムーハ大むかしへいく　グバリョフ／飯田規和訳
9　空とぶタイム・マシン　E・ハンター／内田庶訳
10　ピカレルおばさん火星へいく　マックレガー／塩谷太郎訳
11　宇宙っ子マーチン　スロボトキン／久米穣訳
12　ちびっこ宇宙ゆうえい　イーラム／白木茂訳
13　ふしぎな時間りょこう　ビリキン／金子健訳
14　宇宙からのロボット大使　ベイツ／矢野徹訳
15　電子人間のきゅうか　セナック／榊原晃三訳　✦62頁
16　宇宙のちびっこエスパー　アシモフ／内田庶訳

少年少女21世紀のSF　✦63頁

発行：金の星社　全10巻
昭和43年12月～44年11月　函入
装本　センシュー・アド・クリエーターズ
※各冊A5変型判・200頁平均　註・解説付
小学4～6年生向

1　チタンの幽霊人　瀬川昌男　✦63頁
2　怪惑星セレス　宮崎惇
3　ソレマンの空間艇　石川英輔　✦63頁
4　超人間プラスX　小隅黎　✦63頁
5　ゼロの怪物ヌル　畑正憲
6　アンドロボット'99　今日泊亜蘭
7　セブンの太陽　加納一朗
8　月ジェット作戦　小隅黎　✦63頁
9　テミスの無人都市　草川隆
10　火星地底の秘密　瀬川昌男

創作子どもSF全集　✦64-65頁

発行：国土社　全20巻
昭和44年1月～46年4月
※小学3～5年向　A5変型・箱入　カラーさしえ入り
各112頁

1　孤島ひとりぼっち　矢野徹
2　砂のあした　小沢正
3　宇宙バス　香山美子
4　犬の学校　佐野美津男
5　日本子ども遊撃隊　北川幸比古
6　消えた五人の小学生　大石真　✦64頁
7　少年エスパー戦隊　豊田有恒　✦65頁
8　宇宙にかける橋　福島正実
9　あの炎をくぐれ！　光瀬龍
10　おかしの男　杉山径一　✦65頁
11　フィルムは生きていた　谷真介
12　宇宙ヨット旅行　瀬川昌男
13　遠くまでゆく日　三田村信行
14　ハチュウ類人間　立花広紀
15　プラスチックの木　香山美子
16　ぼくのまっかな丸木舟　久保村恵　✦65頁
17　だけどぼくは海を見た　佐野美津男
18　コンピューター人間　桜井信夫
19　帰ってきたゼロ戦　砂田弘
20　シュリー号の宇宙漂流記　今日泊亜蘭

創作SFえほん　✦139頁

発行：盛光社　全12巻
昭和44年5月　函入
※B5変形・多色刷り

れいぞうこロボット　古田足日
ちいたかわしわしごりらんらん　石森章太郎
おばけ星いちばんのり　小沢正
ぶらんこロケット　阿部正子
ぞうのなみだ　亀山龍樹　✦139頁
地球はおおさわぎ　筒井康隆
宇宙からきたみつばち　佐藤さとる
星のともだち　北川幸比古
時間の国のおじさん　三木卓　✦139頁
一万人のたまご　谷真介　✦139頁
あつまれイルカ　福島正実
地球よさようなら　久保喬

サンヤングシリーズ　✦70-72頁

発行：朝日ソノラマ　全37巻
昭和44年5月～47年5月　四六判・函入
装幀：原田維夫

透明少年　加納一朗　✦71頁
妖怪紳士　都筑道夫
黒ひげ大将　相良俊輔
機関車大将　相良俊輔
甲賀の小天狗　宮崎惇
夕焼けの少年　加納一朗
小説 佐武と市捕物控　辻真先
北北東を警戒せよ　光瀬龍　✦70頁
黄金まぼろし丸　矢野徹

20 恐竜1億年　マーステン／福島正実訳
21 ついらくした月　シェリフ／白木茂訳
22 海底パトロール　クラーク／福島正実訳
23 エスパー島物語　ステープルドン／矢野徹訳
✦51頁
24 光る雪の恐怖　ホールデン／内田庶訳
25 合成脳のはんらん　R・ジョーンズ／半田倹一訳
26 戦うフューチャーメン　E・ハミルトン／福島正実訳

ジュニアSF　✦52-55頁

発行：盛光社　全10巻
昭和42年3月　函入
※解説　SFマガジン編集長　福島正実　四六判
＊函の背のデザインが違う異装版がある。

新世界遊撃隊　矢野徹　✦53頁
夕ばえ作戦　光瀬龍　✦53頁
黒の放射線　中尾明　✦53頁
リュイテン太陽　福島正実　✦53頁
時をかける少女　筒井康隆　✦54頁
なぞの転校生　眉村卓　✦54頁
時間砲計画　豊田有恒　✦52頁
すばらしき超能力時代　北川幸比古　✦54頁
人類のあけぼの号　内田庶　✦54頁
見えないものの影　小松左京　✦55頁

創作S・Fどうわ　✦137頁

発行：盛光社　全9巻
昭和42年3月～8月　大型本
※小学校低中学校向き　上製本箱入り・120頁
カラーさしえ多数

ロケットさくら号のぼうけん　北川幸比古　✦137頁
ハアト星の花　寺村輝夫
宇宙からきたかんづめ　佐藤さとる　✦137頁
月の上のガラスの町　古田足日　✦137頁
かいじゅうゴミィ　筒井康隆
あしたのあさは星の上　石森章太郎　✦137頁
森の中のペガサス　谷真介
かがみのむこうの国　今江祥智
さようならアイスマン　福島正実
火をふくりゅうの星　豊田有恒　※未刊

SF名作シリーズ　✦58-61頁

発行：偕成社　全28巻
昭和42年7月～47年2月
装幀：池田龍雄
※A5判・180頁・上製　小学中・上級向

1 なぞの宇宙ロボット　ウィリアムスン／福島正実訳
2 銀河パトロール隊　スミス／野田昌宏訳
3 宇宙アトム戦争　ハミルトン／南山宏訳
4 とうめい人間　ウエルズ／久米穣訳
5 宇宙怪獣ゾーン　バン＝ボクト／野田開作訳
✦59頁
6 のろわれた宇宙船　ハインライン／矢野徹訳　✦59頁
7 地底怪獣テロドン　バローズ／久米元一訳
8 姿なき宇宙人　クレメント／野田開作訳
9 宇宙からのSOS　ラインスター／亀山龍樹訳
✦59頁
10 タイム・マシンの冒険　ウエルズ／塩谷太郎訳
11 火星の合成人間　バローズ／内田庶訳　✦59頁
12 宇宙パイロット37号　エフレーモフ／飯田規和訳
✦60頁
13 深海の宇宙怪獣　スタージョン／福島正実訳
✦60頁
14 宇宙FBI　ハミルトン／野田昌宏訳
15 火星のプリンセス　バローズ／野田開作訳　✦60頁
16 地球爆発　ワイリー／久米穣訳　✦60頁
17 宇宙スパイ戦　マックビカー／白木茂訳
18 地球さいごの都市　ハミルトン／内田庶訳
19 宇宙ガードマン　ロックウェル／福島正実訳
20 光る目の宇宙人　ホリー／南山宏訳
21 冬眠200年　ウェルズ／中上守訳
22 宇宙家族ロビンソン　アーナム／アーチャー共著／
福島正実訳　✦61頁
23 超能力作戦　ラッセル／中尾明訳　✦58頁
24 暗黒星の恐怖　キャンベル／野田昌宏訳
25 ゆれる宇宙　ラインスター／福島正実訳
26 深海レインジャー部隊　ウォルトン／中尾明訳
27 消えた四次元の輪　マクドナルド／福島正実訳
28 クロニオン号の冒険　ウイリアムスン／矢野徹訳
※未刊
29 なぞの海底怪獣　ディクソン／亀山龍樹訳
30 銀河紀元827年　アシモフ／内田庶訳　※未刊

ベルヌ名作全集　✦133頁

発行：偕成社　全15巻
昭和43年1月～44年11月
装幀：AD　沢田重隆・D：坂野豊
※A5判箱入　解説つき・平均200頁

1 悪魔の発明　ベルヌ／土居耕訳
2 黄金の流星　ベルヌ／塩谷太郎訳
3 月世界旅行　ベルヌ／那須辰造訳
4 地球の危機　ベルヌ／白木茂訳
5 謎の空中戦艦　ベルヌ／久米穣訳　✦133頁
6 地底の探検　ベルヌ／辻昶訳
7 黒いダイヤモンド　ベルヌ／塩谷太郎訳　✦133頁
8 八十日間世界一周　ベルヌ／久米元一訳
9 ひみつの科学都市　ベルヌ／土居耕訳
10 海底二万マイル　ベルヌ／塚原亮一訳
11 カルパチアの城　ベルヌ／塩谷太郎訳
12 十五少年漂流記　ベルヌ／辻昶訳
13 青い怪光線　ベルヌ／久米元一訳　✦133頁
14 神秘島　ベルヌ／白木茂訳
15 気球にのって五週間　ベルヌ／塚原亮一訳

SFえどうわ　✦138頁

発行：岩崎書店　全20巻
昭和43年7月～45年4月　大型本
＊〈なかよしえどうわ〉として昭和52年に再刊されている。

1 時間よ、とまれ!　ウエルズ／福島正実訳
2 宇平くんの大発明　北川幸比古
3 バック・カップ島のひみつ　ベルヌ／香山美子訳
4 宇宙ねこのぼうけん　トッド／白木茂訳　✦138頁
5 火星人がせめてきた　ウエルズ／中尾明訳　✦138頁

6 名探偵ホームズ　パスカビネの犬　ドイル／千代有三訳
7 宇宙戦争　ウェルズ／白木茂訳　✦42頁
8 両棲人間一号　ベリャーエフ／北野純訳
9 クロイドン発12時30分　クロフツ／青山光二訳
10 黄色い部屋の謎　ルルー／水谷準訳
11 ABCの恐怖　クリスティー／船山馨訳
12 怪盗ルパン　ハートの7　ルブラン／小林達夫訳
13 怪盗ルパン　怪人対巨人　ルブラン／寒川光太郎訳
14 怪盗ルパン　水晶の栓　ルブラン／朝島靖之助訳
15 怪盗ルパン　奇巌城　ルブラン／寒川光太郎訳
16 地球最後の日　ドイル／野田開作訳
17 彗星飛行　ベルヌ／久米穣訳　✦42頁
18 黒猫・黄金虫　ポー／青山光二訳
19 鍵のない家　ビガーズ／久米穣訳
20 赤い館の秘密　ミルン／榛葉英治訳
21 踊る人形の謎　カー／野田開作訳
22 黒衣の花嫁　ウールリッチ／武田武彦訳
23 呪われた家の秘密　バン・ダイン／榎林哲訳
24 闇からの声　フィルポッツ／船山馨訳

ベリヤーエフ少年空想科学小説選集
✦43頁

発行：岩崎書店　全6巻
昭和38年10月～11月　函入
装幀：安野光雅
※美装上製・四六判・各250頁
＊函が違う異装版がある。

1 世界のおわり　ベリヤーエフ／馬上義太郎訳　✦43頁
2 空気を売る男　ベリヤーエフ／馬上義太郎訳　✦43頁
3 ドウエル博士の首　ベリヤーエフ／馬上義太郎訳　✦43頁
4 学者象の秘密　ベリヤーエフ／馬上義太郎訳　✦43頁
5 顔をなくした男　ベリヤーエフ／馬上義太郎訳
6 永久パン　ベリヤーエフ／馬上義太郎訳

少年少女ベルヌ科学名作全集
✦130-131頁

発行：学習研究社　全12巻
昭和39年7月～12月
装幀　清水耕蔵
※菊判・260頁・上製本・ケース入り

1 海底二万マイル　ベルヌ／白木茂訳　✦130頁
2 月世界旅行　ベルヌ／矢野徹訳　✦131頁
3 地底の探検　ベルヌ／保永貞夫訳　✦131頁
4 空飛ぶ戦艦　ベルヌ／福島正実訳
5 アフリカ横断飛行　ベルヌ／亀山龍樹訳
6 十五少年漂流記　ベルヌ／今西祐行訳
7 八十日間世界一周　ベルヌ／内田庶訳
8 難破船　ベルヌ／那須辰造訳
9 砂ばくの秘密都市　ベルヌ／塩谷太郎訳　✦131頁
10 悪魔の発明　ベルヌ／福島正実訳　✦131頁
11 北極冒険旅行　ベルヌ／白木茂訳
12 うごく島の秘密　ベルヌ／塩谷太郎訳

世界の科学名作　✦44-47頁

発行：講談社　全15巻
昭和40年6月～11月　B6判・函入
装本：中島靖侃

1 少年火星探検隊　イーラム／白木茂訳　✦45頁
2 星雲からきた少年　ジョーンズ／福島正実訳
3 地球さいごの日　ワイリー／亀山龍樹訳　✦45頁
4 宇宙探検220日　マルチノフ／北野純訳　✦45頁
5 見えない生物バイトン　ラッセル／矢野徹訳
6 赤い惑星の少年　ハインライン／塩谷太郎訳　✦45頁
7 ロボット国ソラリア　アシモフ／内田庶訳
8 海底五万マイル　アダモフ／工藤精一郎訳　✦44頁
9 百万年後の世界　ハミルトン／野田宏一郎訳　✦46頁
10 宇宙戦争　ハインライン／塩谷太郎訳
11 狂った世界　ベリャーエフ／袋一平訳
12 ロボット星のなぞ　カポン／亀山龍樹訳　✦46頁
13 未来への旅　ハインライン／福島正実訳　✦46頁
14 ハンス月世界へいく　ガイル／植田敏郎訳　✦46頁
15 なぞの惑星X　ライト／内田庶訳　✦47頁

ジュニア版 SF名作シリーズ

発行：秋田書店　全1巻
昭和41年4月　A5判・函入
装幀：加藤たかし
※中学生、高校生向
＊一冊だけで終わってしまったシリーズ。

黒い光　星新一　✦66頁

SF世界の名作　✦48-51頁

発行：岩崎書店　全26巻
昭和41年10月～42年9月　函入
ブックデザイン：鈴木康行
※A5判・170頁

1 宇宙少年ケムロ　エリオット／白木茂訳
2 27世紀の発明王　ガーンズバック／福島正実訳　✦48頁
3 深海の宇宙怪物　ジョン・ウインダム／斎藤伯好訳
4 超人部隊　ハインライン／矢野徹訳　✦49頁
5 地底探検　ベルヌ／久米元一訳
6 くるったロボット　アシモフ／小尾芙佐訳　✦49頁
7 月世界探検　ウエルズ／塩谷太郎訳
8 火星のジョン・カーター　バローズ／亀山龍樹訳
9 黒い宇宙船　ラインスター／野田昌宏訳　✦49頁
10 逃げたロボット　デル・レイ／中尾明訳
11 太陽系ようさい　ドレツァール／松谷健二訳
12 星を追うもの　E・E・エバンズ／矢野徹訳　✦49頁
13 恐竜の世界　コナン・ドイル／久米穣訳　✦50頁
14 時間かんし員　マーウィン・ジュニア／中上守訳　✦50頁
15 宇宙船スカイラーク号　E・E・スミス／亀山龍樹訳　✦50頁
16 宇宙人デカ　クレメント／内田庶訳
17 時間ちょう特急　レイ・カミングス／南山宏訳
18 合成人間　ベリヤーエフ／馬上義太郎訳
19 宇宙パイロット　グレーウィッチ／袋一平訳　✦50頁

24 奇がん城 ルブラン／朝島靖之助訳
25 ダンカン号の冒険 ベルヌ／野田開作訳
26 宇宙たんけん隊 ベリャーエフ／袋一平訳
27 ゆうれい船 ポー／武田武彦訳
28 七つの海の王 メルビル／中山光義訳
29 宇宙号九十時間 ベルヌ／塩谷太郎訳
30 マヤの秘宝 ロンドン／河合三郎訳
31 猛獣境の少年 ガッティ／佐白利久訳
32 少年宇宙パイロット レッサー／朝島靖之助訳
33 名探偵ホームズまぼろしの犬 ドイル／武田武彦訳
34 黒人王の首かざり バッカン／中山光義訳
35 名探偵ホームズ(2) ドイル／朝島靖之助訳
36 空中旅行三十五日 ベルヌ／塩谷太郎訳
37 怪盗ルパン(1) ルブラン／朝島靖之助訳
38 なぞの宇宙人 ポレシチューク／袋一平訳
39 狼犬バリー カーウッド／佐白利久訳
40 皇帝の密使 ベルヌ／野田開作訳
41 怪盗ルパン(2) ルブラン／朝島靖之助訳
42 無人島の三少年 バレンタイン／那須辰造訳
43 名探偵ホームズ(3) ドイル／武田武彦訳
44 怪人と巨人 ルブラン／朝島靖之助訳
45 金星へゆく少年 ウォルコフ／袋一平訳

ベルヌ冒険名作選集 ✦128-129頁

発行：岩崎書店 全12巻
昭和34年6月～35年3月
※美装上製・四六判・210頁

1 月世界旅行 ベルヌ／塩谷太郎訳 ✦128頁
2 皇帝の密使 ベルヌ／亀山龍樹訳
3 アフリカ横断三十五日 ベルヌ／土居耕訳
4 十五少年漂流記 ベルヌ／那須辰造訳 ✦129頁
5 八十日間世界一周 ベルヌ／斎藤正直訳
6 地底の探検 ベルヌ／江口清訳 ✦129頁
7 海底二万マイル ベルヌ／神宮輝夫訳
8 空中艇アルバトロス号 ベルヌ／白木茂訳
8 空飛ぶ戦闘艦 ベルヌ／白木茂訳 ※改題 ✦129頁
9 悪魔の発明 ベルヌ／江口清訳
10 十五才の冒険船長 ベルヌ／塚原亮一訳
11 大秘境の冒険 ベルヌ／亀山龍樹訳
11 難破船 ベルヌ／亀山龍樹訳 ※改題
12 神秘島 ベルヌ／土居耕訳

少年少女宇宙科学冒険全集 ✦36-39頁

発行：岩崎書店 全24巻
昭和35年9月～38年9月 函入
※四六判・200頁

1 宇宙船アルゴー号の冒険 ベ・ブラドコ／馬上義太郎訳
2 宇宙兄弟のひみつ R・ハインライン／片方善治訳
3 地球SOS 瀬川昌男 ✦37頁
4 九号衛星のなぞ P・フレンチ／土居耕訳 ✦37頁
5 月ロケットの少年 M・E・パチェット／塩谷太郎訳
6 人工衛星ケーツ ア・ベリャーエフ／北野純訳 ✦37頁
7 宇宙人ビッグスの冒険 N・ボンド／亀山龍樹訳
8 火星救助隊 P・ムーア／亀山龍樹訳 ✦37頁
9 宇宙戦争 H・G・ウェルズ／神宮輝夫訳
10 宇宙紀元ゼロ年 B・メレンチェフ／北野純訳
11 タイム・マシン H・G・ウェルズ／西原康訳 ✦38頁
12 月世界地底探検 H・G・ウェルズ／白木茂訳 ✦38頁
13 死の金星都市 スタニスラフ・レム／秋田義夫訳 ✦38頁
14 地球のさいご R・ジョーンズ／土居耕訳 ✦38頁
15 消えた惑星のなぞ ゲー・マルチノフ／馬上義太郎訳 ✦39頁
16 幽霊衛星テミス ネルソン・ボンド／亀山龍樹訳
17 消えた土星探検隊 P・レーサム／塩谷太郎訳
18 宇宙大オリンピック ミルトン・レッサー／矢野徹訳
19 凍った宇宙 パトリック・ムーア／福島正実訳
20 宇宙の密航少年 R・M・イーラム／白木茂訳
21 空飛ぶ白球 ゲー・マルチノフ／北野純訳
22 第二の地球 K・ツィオルコフスキー／秋田義夫訳
23 魔法の超光速ロケット B・グバリョフ／馬上義太郎訳
24 火星の砂の秘密 F・M・ブランレー／内田庶訳 ✦36頁

少年少女世界科学名作全集 ✦40-41頁

発行：講談社 全20巻
昭和36年5月～37年3月 四六判・函入
装幀：中島靖侃

1 金星のなぞ ムーア／塩谷太郎訳
2 宇宙探検220日 マルチノフ／北野純訳
3 少年火星探検隊 イーラム／白木茂訳 ✦41頁
4 宇宙船ガレリオ号 ハインライン／土居耕訳 ✦40頁
5 ハンス月世界へいく ガイル／植田敏郎訳
6 海底五万マイル アダモフ／工藤精一郎訳 ✦41頁
7 土星の宇宙船 ハラン／小西茂木訳
8 地底王国 カーター／久米元一訳
9 赤い惑星の少年 ハインライン／塩谷太郎訳
10 第十番惑星 ベリャーエフ〔他〕／袋一平訳
11 緑の宇宙人 ザレム／白木茂訳
12 星雲からきた少年 ジョーンズ／福島正実訳
13 なぞのロボット星 カポン／亀山龍樹訳
14 光速ロケットの秘密 パウル・ダラス／矢野徹訳
15 第二の地球へ レッサー／高橋豊訳
16 水星基地のなぞ ポール・フレンチ／宮田昇訳
17 星の征服者 ボバ／福島正実訳 ✦41頁
18 なぞの惑星 ライト／内田庶訳
19 月世界への道 A・カザンツェフ／袋一平訳
20 宇宙への門 ベルナ／那須辰造訳 ✦41頁

世界推理・科学名作全集／世界科学・探偵小説全集 ✦42頁

発行：偕成社 全24巻
昭和37年9月～41年7月
装幀：杉浦範茂
監修／江戸川乱歩・木々高太郎・畑中武夫
※小B6判・箱入上製・平均310頁・解説付

1 星からの怪人 ポレシチューク／袋一平訳 ✦42頁
2 宇宙船220日 マルチノフ／野田開作訳 ✦42頁
3 名探偵ホームズ 四つの署名 ドイル／久米元一訳
4 名探偵ホームズ まだらの紐 ドイル／武田武彦訳
5 名探偵ホームズ 恐怖の谷 ドイル／柴田錬三郎訳

戦後児童向けSF全集リスト

（昭和末までに刊行開始された主な全集・シリーズ）
※＝広告等で記載されているデータ（定価は除く）
＊＝補足説明　✦＝本文掲載頁

少年少女科学小説選集　✦20-24頁

発行：銀河書房／発売：石泉社　全21巻
昭和30年12月～31年12月
装幀：勝呂忠
※B6判・230頁平均・美装本

星雲から来た少年　ジョーンズ／福島正実訳　✦21頁
宇宙島へ行く　クラーク／中田耕治訳　✦21頁
ロケット練習生　レッサー／福島正実訳
五百年後の世界　アンダースン／平田みつ子訳
消えたロケット　セントジョン／中田耕治訳　✦20頁
火星号不時着　デル・リー／福島正実訳　✦21頁
第二の太陽へ　レッサー／高橋豊訳
宇宙鉱山の秘密　ローンズ／田原正治訳　✦22頁
月世界探険　マーステン／福島正実訳　✦22頁
海底大陸アトランチス　デル・リー／内田庶訳
土星の環の秘密　ウォルハイム／田中融二訳　✦22頁
ラジオ星の宇宙人　ケイポン／北沢大助訳
水星基地SOS　バン・リーン／由利和久訳　✦23頁
蟻人の国へ　ノース／由利和久訳
流刑星タイタン　ナース／平田みつ子訳　✦23頁
謎の遊星　ライト／三樹精吉訳　✦23頁
宇宙の選手　セントジョン／西島正訳
恐竜の世界　マーステン／福島正実訳　✦24頁
火星の月の神秘　ウォルハイム／北沢大助訳　✦24頁
人工衛星第一号　デル・リー／富岡敏夫訳
地球の夜あけ　オリヴァー／島朝夫訳

少年少女世界科学冒険全集　✦25-31頁

発行：講談社　全35巻
昭和31年7月～33年2月　四六判

1　宇宙船ガリレオ号　ハインライン／塩谷太郎訳　✦26頁
2　少年火星探検隊　イーラム／白木茂訳　✦26頁
3　宇宙探検220日　マルチノフ／木村浩訳　✦27頁
4　白い大陸南極へ　那須辰造
5　希望号の冒険　デュアメル／高橋邦太郎訳
6　ハンス月世界へいく　ガイル／植田敏郎訳　✦26頁
7　赤い惑星の少年　ハインライン／塩谷太郎訳　✦27頁
8　深海冒険号　ブレイン／小西茂木訳　✦27頁
9　地底王国　カーター／久米元一訳
10　緑の宇宙人　ザレム／白木茂訳
11　海底五万マイル　アダモフ／工藤精一郎訳　✦28頁
12　チベットの秘密都市　ブレイン／川西健介訳
13　金星の謎　ムーア／塩谷太郎訳　✦28頁
14　第十番惑星　ベリャーエフ／袋一平訳
15　火星にさく花　瀬川昌男　✦28頁
16　宇宙島の少年　フリッツ／植田敏郎訳　✦28頁
17　両棲人間一号　ベリャーエフ／木村浩訳　✦30頁
18　黄金のずがい骨　ブレイン／川西健介訳
19　火星にいった地球人　A・トルストイ／西原久四郎訳
20　魔の衛星カリスト　ムーア／河合三郎訳
21　宇宙少年ケムロ　エリオット／白木茂訳
22　月ロケットの秘密　ブレイン／槇晧志訳
23　ぼくらの宇宙旅行　原田三夫　✦30頁
24　恐怖の月爆弾　モグリッジ／久米穣訳　✦31頁
25　宇宙戦争　ハインライン／塩谷太郎訳　✦25頁
26　空中列車地球号　アップルトン／亀山龍樹訳
27　地底世界探検隊　オーブルチェフ／袋一平訳　✦29頁
28　宇宙の開拓者　ロックウェル／福島正実訳
29　謎のロボット星　カポン／亀山龍樹訳　✦19頁
30　北極の秘島　オーブルチェフ／工藤精一郎訳
31　土星の宇宙船　ハラン／小西茂木訳
32　ロケット競走の謎　ロックウェル／内田庶訳　✦30頁
33　海底艦隊　ポール＆ウィリアムスン／塩谷太郎訳　✦31頁
34　土星へいく少年　ウォルハイム／田中融二訳
35　科学の冒険者たち　日下実男

トム・スイフトの冒険　✦24頁

発行：銀河書房／発売：石泉社　全3巻
昭和32年2月～4月　B6判

空飛ぶ実験室　アップルトン／由利和久訳　✦24頁
ジェット潜水艦　アップルトン／能島武文訳
ロケット銀星号　アップルトン／由利和久訳

名作冒険全集　✦34-35頁

発行：偕成社　全45巻
昭和32年10月～35年3月
装幀：沢田重隆
※A5判・200頁・上製　四色8頁・挿絵豊富
製本堅牢・分売自由

1　海底二万マイル　ベルヌ／那須辰造訳
2　宇宙戦争　ウェルズ／塩谷太郎訳
3　とうめい人間　ウェルズ／武田武彦訳　✦34頁
4　ロビンフッドの冒険　パイル／白木茂訳
5　大灰いろの熊　シートン／打木村治訳
6　名探偵ホームズ(1)　ドイル／朝島靖之助訳
7　八十日間世界一周　ベルヌ／野田開作訳
8　失われた世界　ドイル／白木茂訳　✦35頁
9　ソロモンの宝窟　ハガード／香山滋訳
10　地球さいごの日　ドイル／武田武彦訳
11　さばく都市　ブノア／三橋一夫訳
12　紅はこべ　オルツイ／高垣眸訳
13　大平原の名犬　バレンタイン／久米穣訳
14　地底旅行　ベルヌ／塩谷太郎訳
15　荒野のよび声　ロンドン／富沢有為男訳
16　怒るジャングル　ウイリアムソン／河合三郎訳
17　さらわれた少年　スチーブンスン／朝島靖之助訳
18　鉄仮面　大デュマ／野田開作訳
19　モロー博士の島　ウェルズ／一色次郎訳
20　ゼンダ城のとりこ　ホープ／三橋一夫訳
21　海底人間　ドイル／野田開作訳　✦35頁
22　ノートルダムのせむし男　ユーゴー／鈴木康之訳
23　月世界たんけん　ウェルズ／白木茂訳　✦35頁

特別協力
森　英俊
野村宏平

特別寄稿・編集協力
牧　眞司

編集協力
北原尚彦
代島正樹
山本孝一
岩崎書店

ゲスト・エッセイ（掲載順）
瀬名秀明
眉村　卓
金森　達
池澤春菜

本書籍は、平成25年10月15日に著作権法第67条の2第1項の規定に基づく申請を行い、同条同項の規定の適用を受けて作成されたものです。

※本書に掲載するにあたり、書籍の装画を担当された方々には可能な限りご了解をいただくよう努めましたが、残念ながら連絡のつかなかった方もいらっしゃいます。お心当たりのある方は、お手数ですが、小社編集部までお知らせいただければ幸いです。

［編集］藤原編集室
［制作］湯原公浩・古賀美佐子
［装丁・造本］妹尾浩也
［校正］栗原　功

少年《しようねん》少女《しようじよ》 昭和《しようわ》SF美術館《びじゆつかん》
表紙でみるジュヴナイルSFの世界

2013年11月20日　初版第1刷発行

編著者　大橋博之
発行者　石川順一
発行所　株式会社 平凡社
〒101-0051　東京都千代田区神田神保町3-29
電話　03-3230-6585（編集）
03-3230-6572（営業）
振替　00180-0-29639
ホームページ　http://www.heibonsha.co.jp/
印刷所　株式会社東京印書館
製本所　大口製本印刷株式会社

ISBN 978-4-582-83591-5 C0071
NDC分類番号 723.07
B5判（26.3cm）　総ページ160